스티커 메시지

copyright ⓒ 2022, 김병희
이 책은 한국경제신문 한경BP가 발행한 것으로
본사의 허락 없이 이 책의 일부 또는 전체를 복사하거나
전재하는 행위를 금합니다.

STICKER MESSAGE

스킵되지 않고 착착 달라붙는 말과 글을 만드는 법

스티커 메시지

| 김병희 지음 |

한국경제신문

추천의 글

김병희 교수는 학계에서는 드물게 학문과 실무를 겸비한 분이다. 그가 한국광고학회 제24대 회장과 한국PR학회 제15대 회장을 역임한 것은 결코 우연이 아니다. 사람들은 크리에이티브가 뛰어나고 실용 학문을 파고든 그의 역량을 믿고 중책을 맡겼겠지만, 김 교수 역시 학회를 운영하며 자신의 강점을 더 원숙하게 다듬었으리라. 사람들은 어떤 일을 할 때 핵심을 비켜가고 주변을 맴돌며 변죽만 울리는 경우가 허다한데, 김 교수는 절대로 핵심을 비켜가지 않는다. 《스티커 메시지》에서는 말하기와 글쓰기에 대해 주로 설명하지만, 그것이 전부는 아니다. 단순성, 표적화, 흥미성을 무기로 내세운 스티커 메시지는 말하기와 글쓰기의 기본 원리를 넘어 삶의 핵심 원리까지 알려준다. 온라인과 오프라인의 경계가 무너지는 사회에서 성공 전략을 세우기 위해 반드시 필요한 내비게이션 같은 책이라 확신한다.

표완수 (한국언론진흥재단 이사장, 전 YTN 사장)

STICKER MESSAGE
스티커 메시지

평소 말과 글은 입이나 손으로 하는 것이 아니라 마음으로 하는 일이라고 생각해왔다. 김병희 교수는 이 책에서 마음이 한다고 생각했던 말하기와 글쓰기를 일곱 가지 스티커 메시지를 통해 친절하게 설명한다. 스티커라는 단어를 처음 접했을 때, 이것이 무엇을 의미하는지 정말 궁금했다. 그러나 이 책을 읽고 나니, 저자가 말하는 스티커란 가장 중요한 내용이 메모되어 있으면서, 항상 내 컴퓨터에 붙어 있는 노란색 3M 스티커 같다는 인상을 받았다. 우리의 말과 글, 즉 콘텐츠가 누군가의 일상 가운데 오래 붙는 스티커가 된다면, 참으로 기쁠 것이다. 이 책 《스티커 메시지》는 그 일을 가능하게 만들며, 그 방법을 가장 흥미로운 방식으로 전달하고 있다. 이 책 또한 많은 사람의 마음속에 오래 남는 스티커가 될 것이다."

강석훈 (KDB산업은행 회장, 전 청와대 경제수석)

광고 회사의 경영자가 되고 나서 의사소통이 얼마나 중요한지 새삼 깨달았다. 나의 말이 반드시 상대에게 전달되는 것도 아니고, 행동으로 이끌어내기란 더더욱 어렵다. 아랍 속담에 이런 말이 있다. "당신이 입을 열고 있을 때 그것은 침묵보다 가치 있는 것이어야 한다." 그런데 이 속담처럼 말을 잘하기란 참으로 어렵다. 스스로 말을 잘한다고 생각하다 낭패 본 사람이 정말 많다. 어찌 말뿐인가. 글도 마찬가지다. 이 책은 '스티커 메시지'라는 명료한 기준을 통해 말하기와 글쓰기의 원리를 제시한다. 소통이 중요하다고 생각하는 모든 사람에게 많은 도움이 될 것이다. 광고는 짧은 시간 동안 브랜드의 메시지를 전해야 하고 소비자를 설득해야 한다. 저자는 성공한 광고들을 통해 메시지 전달 기술을 쉽게 설명한다. 상사든 고객이든 누군가를 설득하고 싶어 하는 독자라면 이 책에서 엄청난 인사이트를 발견할 것이다.

유정근 (제일기획 대표이사 사장, 한국광고산업협회 회장)

STICKER MESSAGE
스티커 메시지

말하기와 글쓰기는 항상 부담스럽다. 말하면서 진땀을 흘린 적이 많다. 글쓰기는 긴장의 연속이다. 민낯이 보이는 것 같아 불안한 마음으로 작업할 때도 있다. 여러 번 수정을 거쳐 탈고해도 혹시 모를 실수 때문에 조심스럽다. 평소 저자가 〈한국경제신문〉에 쓴 칼럼을 읽는 재미에 푹 빠져 있었다. 저자의 칼럼을 읽으면서 말하기와 글쓰기에 대한 명쾌한 논리성에 감탄하며 많은 공부를 했다. 오늘날 사회에서 성공하는 중요한 덕목 중 하나는 프레젠테이션 역량이다. 내용도 중요하지만 자신의 생각을 얼마나 조리 있고 설득력 있게 전개하느냐에 따라 그 사람의 능력을 평가하기 때문이다. 이 책은 그런 니즈를 충족시킬 비법으로 가득하다. 흥미진진한 광고 사례를 제시해 이해하기도 쉽다. 따라서 머릿속에 스티커처럼 착착 달라붙는 말과 글을 만들어내는 소통서가 되었다. 주옥같은 지식을 한 권의 책으로 접하게 되어 독자의 한 사람으로서 무척 기쁘다. 많은 사람이 이 책을 읽고 말하기와 글쓰기에 대한 자신감과 전문성을 갖추기를 기대한다.

김영찬 (연세대학교 경영대학 교수, 한국마케팅학회 제34대 회장)

여는 글

당신의 말과 글이 스킵되지 않도록

우리는 숨 쉬듯 말하고 글을 쓴다. 일상의 대화부터 중요한 회의에서 발표하는 일까지. 직장에서 기획서를 작성하고 퇴근해 SNS에 남기는 글까지. 말과 글 어떤 형태든 소통을 쉬지 않는다. 그러나 머릿속에 떠오른 생각이 아무리 좋아도 막상 바깥으로 꺼내면 내용은 모호하고 상대에게 전달되지 못할 때도 부지기수다. 게다가 세상에는 말과 글, 즉 콘텐츠가 넘쳐나 나의 말과 글은 자연스럽게 '스킵(Skip)'된다.

하지만 오늘날은 나의 말과 글이 스킵되지 않고 자기 PR로 이어지도록 해야 하는 시대다. 브랜딩은 기업만 하는 것이 아니다. 개인에게도 퍼스널 브랜딩(personal branding)이라는 과제가 주어졌다. 이전에는 오피니언 리더가 대중의 여론 형성

STICKER MESSAGE
스티커 메시지

에 영향을 미쳤다면, 이제는 인플루언서가 소비자의 일상생활에 속속들이 깊은 영향을 미친다. 많은 사람이 인플루언서가 되고자 자신이 갖고 있는 지식과 정보를 활용하고 유명세를 얻고 자본을 축적하려 한다. 더 나아가 자신이 속한 분야의 대표 주자가 되고 싶어 한다. 그래서 말과 글을 활용해 사람들의 주목을 받으려 노력하지만 그 노력이 빈번하게 잘못된 방향으로 가는 바람에 '헛수고'가 된다. 내 노력이 올바른 방향으로 향하려면, 말과 글이 스킵되지 않으려면 어떻게 해야 할까? 팔리는 브랜드나 주목받는 콘텐츠를 만들려면 어떻게 해야 할까? 바로 메시지의 원리를 알아야 한다.

스티커처럼 마음에 달라붙는 메시지 전달법을 알고 활용하면 스킵되지 않을 수 있다. 나는 사람들이 좋은 주제와 콘텐츠를 가지고도 정확히 전달하지 못해 제대로 평가받지 못하는 경우들을 보면서 광고 사례를 통해 말과 글이 상대의 뇌리에 달라붙는 방법을 알아보면 좋겠다는 생각을 했다. 광고야말로 마음을 훔치는 분야이기 때문이다.

모든 것이 데이터가 되는 '빅데이터' 시대에는 고객의 마음을 기술적으로 분석한다. 그러나 우리는 여전히 이전의 광고에서 큰 교훈을 얻을 수 있다. 기술이 쏟아지는 때일수록 기본적인 지침서가 중요하기 때문이다. 광고는 광고인들만의 것이 아니다. 프레젠테이션을 하고, 이메일을 보내고, SNS에 올릴 카드 뉴스 제목을 고민하고, 유튜브 썸네일을 고민하고, 보고서를 쓰는 우리가 횡설수설하지 않고 뇌리에 꽂히게 이야기하는 법. 그 고민의 결과들이 오래전 광고에 들어 있다. 특히 이 책에 담긴 광고 중 많은 사례들은 지금은 세계적 기업이 된 기업들의 변곡점과도 같은 의미를 갖고 있다. 고전에서 우리는 새로운 메시지를 찾을 수 있다.

이 책에서는 메시지 전달에서 가장 중요한 포인트 일곱 가지를 각각의 챕터로 구성했다. 자세한 것은 '들어가는 글'에서 담았지만 간략히 소개하자면 다음과 같다.

1장에서는 필요한 것만 최소한으로 남기고 불필요한 것은 모두 버리는 빼기(-)의 미학인 단순성(Simplicity)에 대해 알아본다. 스티브 잡스가 알려준 단순성, 만유인력의 법칙을 발견한 뉴턴이 틀렸다고 하는 새로움, 한 단어로 많은 것을 말하는 명료성, 누구나 이해할 수 있게 하는 손쉬움에 관한 광고 사례를 통해 말과 글에서 단순성을 실현하는 방법에 대해 살펴본다.

2장에서는 효과적으로 공략할 수 있는 목표 시장을 선정하고 결정하는 전략적 판단 과정인 표적화(Targeting)에 대해 알아본다. 한곳에 집중하는 표적화, 상대의 머릿속에 어떤 대상을 특정 이미지로 자리 잡게 하는 위치화, 본받고 싶은 사람을 찾는 모델링, 마음을 흔들어놓는 상호작용에 관련된 광고 사례를 통해 표적화의 중요성을 구체적으로 확인한다.

3장에서는 말과 글에서 재미있고 유쾌한 요소인 흥미성(Interesting)에 대해 알아보고 기업의 펀(fun) 마케팅 기법도 소개한다. 모두가 주목하는 흥미성, 사과할 때도 잃지 않는 유머, 타이밍에 맞는 침묵, 직접 해보는 체험성을 강조한 광고 사례를 바탕으로 흥미성의 가치를 알아본다.

4장에서는 구체성(Concreteness)을 갖춰야 의사소통에서 메시지를 분명히 전달하는 힘이 생긴다는 사실을 환기시킨다. 구체성이 없을 때 생기는 공허함, 지속적으로 생동감 불어넣기, 적절한 사례로 공감 얻기, 마음을 훔치는 진정성이 느껴지는 광고 사례를 통해 구체성의 특성을 묘사한다.

5장에서는 자신이 전하려는 내용을 짧게 간추린 핵심어(Keyword)가 일상적인 말과 글은 물론 상업적인 콘텐츠를 다룰 때도 중요하다는 점을 강조한다. 키워드 없는 빛 좋은 개살구, 결정하면 망설이지 않는 과단성, 집중해야 하는 한 가지 메시지, 현저한 특성만 기억하게 하는 광고 사례를 통해 핵심어의 힘을 살펴본다.

6장에서는 메시지의 양과 질을 섬세하게 다듬는 과정인 정교화(Elaboration)에 대해 알아본다. 심사숙고 끝에 메시지를 다듬는 법, 제대로 질문하기, 능숙해지고 탁월해지는 숙련도, 신뢰성을 높이는 광고 사례를 살펴보며 정교화를 향한 경로를 톺아본다.

7장에서는 어떤 사물이나 사건 사이에 서로 관계되는 성질인 상관성(Relevance)에 대해 알아본다. 상관성이 희미해지려 할 때마다 말과 글의 목적을 반추하라고 권고하는 한편, 상관성 부여하기, 메시지의 적절성, 손에 잡히는 의미화, 서로 통하는 연결성과 관련된 광고 사례를 분석하며 상관성의 의미를 탐색한다.

이 책 《스티커 메시지》는 〈한국경제신문〉에서 매주 월요일 발행하는 '한경 CMO 인사이트(Insight)'에 연재했던 칼럼을 대폭 수정하고 보완해서 엮은 것이다. 가장 먼저 원고를 읽고 항상 응원해주신 장경영 기자님께 정말 고맙다는 인사를 전한다. 이 책을 기꺼이 출판해주신 한경BP의 오형규 대표님을 비롯해, 멋진 책으로 완성해주신 마현숙 부장님과 박혜정 과장님을 비롯해 편집부에도 감사드린다. 이 책이 독자들에게 말을 더 잘하고 글을 더 잘 쓰는 데 실질적으로 도움이 되는 일상생활의 지침서로 자리 잡기를 바란다.

2022년 7월

김병희

차례

추천의 글	004
여는 글 당신의 말과 글이 스킵되지 않도록	008
들어가는 글 스티커 메시지란	018

1 단순성 — SIMPLICITY
가장 심플하지만 가장 강력한 무기

스티브 잡스가 알려준 단순성	034
뉴턴은 틀렸다고 하는 새로움	041
한 단어로 많은 것을 말하는 명료성	050
누구나 알 수 있도록 쉽게 표현하기	057

2 표적화 — TARGETING
누구에게 말할 것인가

한곳에 집중하는 표적화	066
머릿속을 차지하는 위치화	074
롤 모델 자체가 메시지다	081
마음을 흔들어놓는 상호작용	088

3 흥미성 INTERESTING
상황을 반전시키는 열쇠

흥미로우면 모두가 주목한다	096
사과는 유쾌하게	103
타이밍에 맞는 침묵은 금이다	112
체험 기회를 늘려야 한다	119

4 구체성 CONCRETENESS
공허하게 말하지 않고 제대로 보여주는 법

구체성이 없으면 공허해진다	128
생동감은 제어를 통해 나온다	135
적절한 사례로 공감을 얻자	142
진정성은 늘 마음을 훔친다	148

5 핵심어　　　　　　　　　　　　　KEYWORD
메시지를 단단하게 만드는 법

키워드가 없으면 빛 좋은 개살구　　　　　　158
결정하면 머뭇거리지 말자　　　　　　　　165
하나의 메시지에 집중하자　　　　　　　　172
현저한 특성만 기억한다　　　　　　　　　179

6 정교화　　　　　　　　　　　　ELABORATION
디테일이 승부를 결정한다

메시지의 양과 질 다듬기　　　　　　　　　188
좋은 질문이 답을 찾는다　　　　　　　　　196
능숙해지고 탁월해지는 법　　　　　　　　203
신뢰성을 높이는 노하우가 필요하다　　　210

7 상관성   RELEVANCE
연결시킬 때 메시지가 전달된다

상관성을 놓치면 실패한다   218
전달에도 눈치가 필요하다   225
손에 잡히는 의미를 만들자   232
연결하는 노력이 필요하다   239

주   246

들어가는 글

스티커 메시지란

이 책에서 이야기하는 스티커 메시지를 이해하기 위해서는 다음의 두 가지 개념을 알아두면 좋다. 바로 스틱과 7C 개념이다.

일찍이 댄 히스(Dan Heath)와 칩 히스(Chip Heath)는 《STICK 스틱!》에서 어떤 메시지가 1초 만에 착 달라붙는 '스틱(stick)'이 되는 데 필요한 여섯 가지 원칙을 제시했다. 단순성(Simplicity), 의외성(Unexpectedness), 구체성(Concreteness), 신뢰성(Credibility), 감성(Emotion), 스토리(Story)라는 여섯 가지 원칙에 따라 메시지를 구사해야 사람의 뇌리에 착 달라붙는 메시지 전달에 성공(SUCCESS)한다는 것이다.[1] 저자들의 오랜 경험에서 나온 원칙인 만큼 설득력이 있어 우리나라에서도 좋

STICKER MESSAGE
스티커 메시지

은 반응을 얻었다. 스틱이란 평생 기억에 남는 말, 사지 않고는 못 견디게 만드는 광고 메시지, 마음을 사로잡는 이미지 같은 사람의 뇌리에 꽂히는 현상을 뜻한다. 그래서 신박한 카피 한 줄이나 감동적인 영상을 통해 상대의 뇌리에 붙는 메시지를 전달하기 위해서는 스티커 메시지가 중요하다.

또한 시간을 효율적으로 쓰려 하고 잘못된 정보로 인한 실수를 허용하지 않는 비즈니스 분야에서 처음 소개된 7C 개념은 커뮤니케이션에서 메시지가 효과를 발휘하는 데 필요한 일곱 가지 원칙을 말한다. 이 원칙이 바탕이 되면 커뮤니케이션에서 오해의 여지를 줄이고 이해의 폭을 넓힐 수 있다. 7C의 내용은 다음과 같다.[2]

메시지를 분명하게 전달하는 명료성(Clarity), 최소한의 단어로 메시지를 구성하는 간결함(Conciseness), 모호하고 다양한 의미를 지닌 단어를 피하는 구체성(Concreteness), 모든 사실을 완벽히 전달하는 완전성(Completeness), 사실과 수치로 정확히 뒷받침하는 정확성(Correctness), 수용자나 청중에게 예의를 갖추는 정중함(Courtesy), 그리고 핵심 메시지를 돋보이게 하는 중요도(Consideration)를 말한다. 이를 시각적으로 나타내면 다음 페이지의 표와 같다. 말과 글을 통한 소통 과정

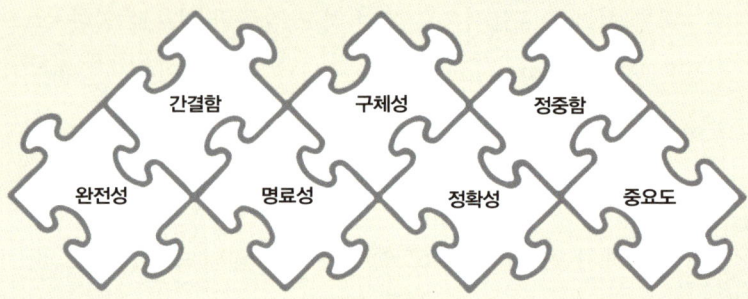

효과적인 커뮤니케이션의 7C 개념(Romih, 2016)

에서 7C를 체크 리스트로 활용하면 의사소통이 좀 더 원활해지고 신뢰도가 높아질 것이다.

직장에서든 집에서든 사적 모임에서든 효과적인 의사소통은 필수 요소다. 의사소통을 효과적으로 하는 사람은 사람들과 만나는 과정에서 항상 유리한 입장에 설 가능성이 높다. 따라서 7C는 사람들과 소통하면서 메시지를 전달할 때 염두에 둬야 할 중요한 속성이라고 할 수 있다.[3] 7C 원칙을 일상생활에 적용하면 의사소통 과정의 나쁜 습관을 교정하는 데도 도움이 될 것이다.

7C 원칙이나 여섯 가지 '스틱' 원칙은 일상생활에서 소통하는 데 유용한 가이드라인이 될 수 있다.

그러나 어떤 부분에서는 개념을 애매하게 설명해 실질적으로 적용하기가 어렵고, 다양한 부문의 사례를 소개하다 보니 복잡하게 느껴지기도 한다. 나아가 말이나 글 같은 특정 주제에 초점을 맞추지 않고 포괄적으로 다루고 있어 가치 있는 내용에도 불구하고 일관성이 다소 떨어지는 경우도 있었다.

예를 들어 조직을 관리하는 경영자에게는 해당되지만 개인의 사생활에서는 적용이 힘든 내용을 발견할 수 있었다. 또한 오래전에 만들어졌기 때문에 디지털 시대 퍼스널브랜딩을 원하는 이들에게 도움이 되지 않는 내용도 있었다.

경영자는 자신의 말과 글에 직원들이 호응해주기를 원한다. 나아가 호응한 직원들이 경영자의 의중을 제대로 파악해 업무에 반영한다면 경영자는 더 이상 바랄 것이 없을 것이다.

정치인들은 자신의 말과 글에 사람들이 즉각적으로 환호해주기를 바란다. 더욱이 환호한 사람들이 투표장에서 자신의 말과 글을 기억하고 한 표 찍어준다면 당선의 영광을 얻을 것이다.

인플루언서는 인스타그램을 비롯한 소셜미디어에서 모르는 사람들이 자신의 말과 글에 더 많은 댓글이나 '좋아요'로 반응해주기를 희망할 것이다.

이런 문제의식에서 출발해 학생, 직장인, 정치인, 경영자, 그리고 상업적 콘텐츠를 다루는 사람들 모두에게 도움이 되는《스티커 메시지》를 구상했다. 이 책에서는 스티커 메시지의 개념을 두 가지 원칙에 따라 설명한다. 말할 때나 글을 쓸 때 필요한 메시지 구성의 기본 원리를 설명한다는 원칙과, 오로지 개념과 관련된 광고물을 제시해 독자들이 쉽게 이해하도록 설명한다는 원칙이다.

스티커 메시지를 만드는 일곱 가지 구성 요인과 연관 개념의 내용을 정리하면 아래 표와 같다.

단순성은 필요한 것만 최소한으로 남기고 모두 버리는 미니멀리즘과 관련된다. 단순성을 기업에 적용하면 성과를 내는 데 도움이 된다. 스티브 잡스는 연설에서 항상 단순성을 추구했다. 핵심만 명쾌하게 전달하는 단순성은 더하기가 아닌 빼기의 미학으로 완성된다.

단순성과 연관된 개념으로 새로움(newness), 명료성(clarity), 손쉬움(effortlessness)이 있다. 새로움이란 누구나 알고 있는 익숙한 것을 다르게 해석해 새로운 의미를 만들어내는 것이다. 명료성은 말이나 글의 의미를 분명하게 표현하는 것이고, 손

스티커 메시지의 구성 요인

구성 요인	연관 개념		
단순성	새로움	명료성	손쉬움
표적화	위치화	모델링	상호성
흥미성	유쾌함	침묵함	체험성
구체성	생동감	공감성	진정성
핵심어	과단성	단일성	현저성
정교화	의문형	숙련도	신뢰성
상관성	적절성	의미화	연결성

쉬움이란 이해하기 쉽게 말하고 글을 써야 한다는 뜻이다. 말이나 글에서 새로움, 명료성, 손쉬움을 고려한다면 단순성을 구현할 수 있다.

표적화는 효과적으로 공략할 수 있는 최적의 목표 시장을 선정하고 결정하는 전략적인 판단 과정이다. 양궁 선수의 화살이 과녁 중심에 정확히 꽂히는 것은 선수가 표적을 정확히 꿰뚫어 보고 활시위를 당겼기 때문이다. 마찬가지로 대상의 가슴을 겨눠야 메시지가 정확히 꽂힌다.

표적화와 연관된 개념으로 위치화(positioning), 모델링(modeling), 상호성(mutuality)이 있다. 위치화란 사람들의 머릿속에 어떤 대상을 하나의 느낌으로 자리매김하는 전략적 개념이다. 모델링은 모델을 관찰함으로써 나타나는 행동적, 인지적, 정서적 변화를 의미한다. 상호성은 어떤 사람이나 대상이 서로 영향을 주고받는 것이다. 말이나 글에서 위치화, 모델링, 상호성을 고려하면 표적화에 성공할 가능성이 높다.

흥미성이란 말이나 글이 얼마나 재미있고 유쾌한가 하는 성질이다. 세상에 재미있는 것을 싫어하는 사람은 없다. 기업의 광고와 마케팅 활동에서도 소비자의 재미를 자극하는 편 마케팅 기법이 날로 주목받고 있다. 기업이 애써 홍보 활동을

STICKER MESSAGE
스티커 메시지

하지 않아도 소셜 미디어에서 흥미로운 메시지가 확산되면 효과가 엄청나기 때문이다. 말과 글에서도 흥미가 있어야 주목을 끌 수 있다.

흥미성과 연관된 개념으로 유쾌함(delightfulness), 침묵함(silence), 체험성(experience)이 있다. 유쾌함이란 즐겁고 상쾌한 느낌을 말한다. 노력하면 '유쾌 지능'(playful intelligence)도 향상될 수 있다. 침묵함이란 말없이 조용히 있는 상태를 일컫지만 즐거운 침묵도 있다. 어떤 일을 실제로 보고 듣고 겪는 체험성은 이론이 아니라 실제에 가깝다. 말을 하거나 글을 쓸 때 유쾌함, 침묵함, 체험성을 고려한다면 흥미성이 훨씬 높아질 것이다.

구체성이란 어떤 것이 뚜렷한 실체를 갖추고 있거나 실제로 내용을 가지고 있는 성질이다. 의사소통에서 메시지를 뚜렷하게 전달하는 저력은 감각으로 감지할 수 있는 구체성에서 나온다. 구체성이 담긴 말과 글에서는 진정한 마음이 생생하게 전해진다. 구체성이야말로 신뢰를 키우는 원천이다.

구체성과 연관된 개념으로 생동감(movement), 공감성(empathy), 진정성(authenticity)이 있다. 생동감이란 살아서 움직이는 것과 같은 생생한 느낌이다. 공감성은 다른 사람의 상태, 상황, 의견, 주장에 대해 자신도 동의한다고 느끼는 성향이다. 진정성은 말과 글에 진심이 담겨 있는 것으로, 메시지에 진정성이 담기면 마음 점유율이 높아진다. 말과 글에서 생동감, 공감성, 진정성이 느껴지면 구체성은 저절로 확보된다.

핵심어란 말이나 글에서 전하려는 내용을 간추린 단어나 문구를 뜻한다. 열쇠 말 혹은 열쇠 글에 해당하는 핵심어는 일상적인 대화는 물론 연설이나 글에서도 중요하다. 예를 들어, 기업을 책임지는 경영자라면 자신의 지향점이나 경영철학을 한마디로 전달할 수 있어야 한다.

핵심어와 연관된 개념으로 과단성(decisiveness), 단일성(oneness), 현저성(salience)이 있다. 과단성이란 고민하되 결정하고 나면 주저하지 않고 실행하는 성향이다. 단일성은 다른 것이 섞이지 않고 하나로만 이루어져 있는 성향이다. 현저성은 어떤 대상이나 속성이 다른 것에 비해 돋보이는 특성이다. 말과 글에 과단성, 단일성, 현저성이 반영된다면 핵심어가 훨씬 더 확실하게 전달될 것이다.

정교화란 메시지의 양과 질을 섬세하게 다듬는 과정이다. 특히 발언하기에 앞서 정교화 문제를 충분히 고려해야 한다. 경청할 의지가 높은 사람이 많으면 메시지 내용을 신중하게

STICKER MESSAGE
스티커 메시지

생각하도록 핵심 주제 위주로 연설하고, 경청할 의지가 낮은 사람이 많으면 유머 코드를 적절히 섞어가며 주변 단서를 잘 활용한다.

정교화에 연관된 개념으로 의문형(questioning), 숙련도(mastery), 신뢰성(credibility)이 있다. 의문형은 말과 글에서 수용자에게 적극적으로 질문하며 관심을 유도하는 기법이다. 숙련도란 어떤 일이나 기술 따위를 능숙하게 익히는 솜씨를 뜻한다. 신뢰성은 어떤 대상의 믿을 만한 바탕이나 성질을 의미한다. 말이나 글에서 의문형, 숙련도, 신뢰성이 제대로 뒷받침되면 정교화 과정이 순탄하게 이루어질 수 있다.

상관성이란 어떤 사물이나 사건 사이에 서로 관계되는 성질이나 정도를 일컫는다. 상관성이 희미해지려 할 때마다 말하려는 목적을 생각해보면 도움이 된다. 다른 사람 앞에서 말하거나 여러 사람을 대상으로 글을 쓸 때 미리 말하고자 하는 주제를 메모해놓고 관련 단어를 활용하면 실수가 줄어든다.

상관성과 연관된 개념으로 적절성(appropriateness), 의미화(meaning), 연결성(connectedness)이 있다. 적절성은 어떤 상황이나 분위기에 알맞은 성향이다. 의미화는 표현하고자 하는 내용이 뚜렷하게 잡히도록 의미를 만들어내는 과정이다. 연결성은 서로 이어져 관계가 맺어지는 성질로, 애착 관계나 소속감도 연결에서 생긴다. 말이나 글에서 적절성, 의미화, 연결성을 갖추면 자연스럽게 상관성도 높아진다.

최근 들어 메시지를 받아들이는 수용자의 태도나 취향이 크게 달라져 스티커 메시지의 필요성이 더욱 커졌다. 디지털 시대를 살아가는 사람들은 메시지 형태에 관계없이 자신이 흥미를 느끼는 메시지에만 능동적으로 접촉한다. 이들과 소통하려면 복잡하지 않은 스티커 메시지가 정답이다. 사람들은 생비자(Prosumer, 생산자+소비자)로서 소셜미디어나 1인 미디어를 활용해 메시지의 생산과 소비에 적극적으로 참여하고 있다. 청년 세대가 미디어의 주역으로 떠오르면서 콘텐츠의 경계가 무너지고 서로 섞이며 융합하는 형태로 바뀌기 시작했다.

모두가 모바일 앱을 즐겨 활용하는 오늘날에는 메시지를 보낸다고 끝이 아니다. 의미가 제대로 전달되지 않는 메시지는 소용이 없다. 받은 메시지를 사람들이 능동적으로 수용하는 '전달되는 메시지'가 되어야만 효과가 있다.

소셜 미디어에서 틱톡(Tik Tok) 같은 짧은 동영상이 인기를 끄는 추세가 스티커 메시지의 필요성을 입증한다. 1분 이내 짧은 동영상 공유 SNS 서비스인 틱톡은 사용하기 쉬운 비디오 갈무리와 편집 도구를 활용해 직관적이고 쉬운 방식으로 누구나 영상 제작을 할 수 있게 했다. 특히 인공지능 기술을 바탕으로 특수 효과, 각종 제작 도구, 스티커, 편집 도구를 개인의 필요에 맞게 제공하며, 사용자에게 맞춤 동영상을 추천해준다. 틱톡 영상에 쓰인 말과 글은 한 번만 들어도 착착 달라붙는 스티커 메시지다. 틱톡 사용자의 41% 이상이 16~24세라는 사실에서도 풍부한 영상 자료에 '스티커' 같은 메시지를 전달해야 청년 세대의 마음을 움직인다는 것을 알 수 있다.

광고 카피도 마찬가지다. 소비자에게 스티커 메시지로 다가가는 카피는 제품의 판매에 결정적 영향을 미친다. 다음은 브랜드 선호도를 높이거나 제품 판매에 상당한 영향을 미친 광고 카피들이다.

"목이 타?"(토레타)

"샛별 배송."(마켓컬리)

"인생을 맛있게."(농심)

"당근이세요?"(당근마켓)

"오죽 맛있으면."(오뚜기 죽)

"시즌 하나로 다 봐."(Seezn)

"여기서 행복하자."(여기어때)

"가장 완벽한 반반."(푸라닭치킨)

"이미 모두의 은행."(카카오뱅크)

"Ask Mask."(DW바이오 마스크)

"할리우드가 손 안에."(아이폰13)

"그냥 너답게 즐기는 거야."(틱톡)

"이게 다 모닝?"(기아자동차 모닝)

"그냥 다 좋아서그램."(인스타그램)

"당신의 플레이가 계속되도록."(구글플레이)

"지금 너 자체로 가장 빛나는 별."(스타벅스)

"나의 이야기는 커지고 있다."(디즈니플러스)

"어느새 밥 하지 않는 집이 늘어갑니다."(햇반)

카피라이팅에서는 카피에 대한 나름의 이유가 있어야 한다. 제품과 시장과 소비자에 대한 이해를 바탕으로 스티커처럼 달라붙는 카피를 써야 소비자를 설득할 수 있다. 카피를 무조건 멋있게 쓰는 것만이 능사는 아니다. 소비자는 자신이 느끼는 욕구나 문제점을 해결하기 위해 상품을 구매한다. 따

STICKER MESSAGE
스티커 메시지

라서 심리적 욕구와 물리적 혜택을 충족시키는 카피로 공감을 유발해야 한다. 짧은 형태(short form)의 콘텐츠가 인기를 끌고 있는 상황에서 착착 달라붙지 않는 메시지는 금방 사라져버린다.

메시지가 차고 넘치는 세상에서, 한 번에 착착 달라붙는 말하기와 글쓰기 방법이 그 어느 때보다 중요해졌다. 모바일 네이티브 세대인 청년층은 특히 스티커 메시지에 격하게 반응한다. 스티커 메시지는 앞으로 우리 모두의 말 잠재력과 글 잠재력에 날개를 달아줄 것이다. 이제, 한 번에 착착 달라붙는 스티커 메시지에 대해 구체적으로 알아보자.

STICKER MESSAGE

SIMPLICITY

1. 단순성

가장 심플하지만 가장 강력한 무기

스티브 잡스가 알려준
단순성

'말씀이 언제 끝나지?'
회의 자리에서 상사의 얼굴을 보며 이런 생각을 하는 사람이 많다. 누군가를 만날 때도 상대의 말이 끝나기를 기다리며 대화 도중 스마트폰 문자를 보는 척하며 슬쩍 시간을 확인한다. 상대의 말이 너무 지루하기 때문이다. 하지만 반대로 내가 지루하게 이야기하는 사람일 수도 있다. 나도 상대도 회의나 일상 대화에서 단순명쾌하게 의사를 전달한다면 얼마나 좋을까.

애플의 컴퓨터 광고 '사과' 편을 보면 중앙에 사과 하나가 놓여 있다. 컴퓨터는 보이지 않고 사과 위아래로 카피만 보인다. 사과 위쪽 카피에서는 애플 컴퓨터의 심플한 디자인을 레

STICKER MESSAGE
스티커 메시지

애플의 광고 '사과' 편(1977)

오나르도 다 빈치의 명언을 인용해 표현했다. "단순성은 최고의 세련됨이다(Simplicity is the ultimate sophistication)." 그리고 아래쪽 카피에서는 컴퓨터 광고임을 나타냈다. "개인용 컴퓨터 애플2를 소개합니다."

1976년 컴퓨터 조립 회사로 창업한 애플은 1977년에 개인용 컴퓨터 애플2를 본격적으로 출시했다. 제품을 알리는 첫 광고에서 많은 특성을 홍보하고 싶은 욕심을 자제하고 오로지 사과 한 알과 카피 두 줄로 메시지를 표현했다. 기술이나 사양에 대한 설명은 물론 컴퓨터 제품도 보이지 않는다. 요즘 광고라고 해도 속아 넘어갈 정도로 세련된 느낌이다.

스티브 잡스는 애플이 경쟁사와 어떻게 다른지 강조하고 싶어, 이 아이디어를 승인했다고 한다. 광고에서 밝힌 단순성이란 키워드는 제품 디자인은 물론 회사의 운영 방식과 애플의 모든 일을 결정하는 기업 철학으로 자리 잡았다. 단순성은 복잡한 것을 과감히 정리하는 것이다. 따라서 스크린과 스피커를 컴퓨터 안에 넣고, 복잡한 케이블을 하나로 정리하며, 제품의 모양도 단순하고 부드러운 느낌으로 통일시켰다.

맥도날드의 광고 '와이파이' 편에서는 감자튀김으로 와이파이 모양을 만들어 무료로 와이파이를 쓸 수 있다는 사실

STICKER MESSAGE
스티커 메시지

맥도날드의 광고 '와이파이' 편(2009)

을 알렸다. 광고 회사 DDB 시드니 지사는 맥도날드 햄버거에 대한 구체적인 정보 대신 무료로 와이파이를 쓸 수 있다는 사실만 강조했다. 광고를 보면 색상의 대비가 가장 눈에 띈다. 빨간색 바탕에 맥도날드 로고 색인 노란색 감자튀김을 배치해 감자튀김이 더 돋보인다.[1] 와이파이 부분과 로고 부분의 크기를 대조적으로 표현한 점도 인상적이다. 빨간색을 대담하게 사용해 감자튀김의 노란색이 더 두드러져 보인다.

오른쪽 맥도날드 로고 밑에 "무료 와이파이를 애용하세요(love free wi-fi)"라는 카피가 있지만, 카피보다 단순명쾌한 이미지로 핵심 메시지를 전달하는 데 성공했다. 작은 감자튀김 조각이 점점 커지며 만들어낸 노란색 아치는 누가 보더라도 와이파이 기호임을 알 수 있다. 중앙에 배치된 감자튀김은 디자인의 중심을 잡아주며, 모세가 돌에 십계명을 새기듯 사람들의 마음에 광고 메시지를 각인시키기에 충분하다.

이 광고는 단순명쾌한 메시지 때문에 사람들의 기억에 오래 남았다. 때로는 광고에서 카피나 그림이 필요 없는 경우도 있다. 강력한 비주얼이 헤드라인이 될 수도 있고, 헤드라인이 비주얼이 될 수도 있다. 강력한 비주얼이나 헤드라인 한 줄이 진실과 통찰을 제공해 사람들에게 깊은 인상을 남기기도 한

STICKER MESSAGE
스티커 메시지

다. 이는 메시지가 단순명쾌해야 가능하다. 그렇다고 아무 뜻도 없이 단순명쾌하기만 해서는 안 된다. 반드시 메시지의 내용이 담겨야 한다.

두 광고에서 채굴한 스티커 메시지는 단순성이다. 단순성은 일의 효율을 높이거나 메시지를 전달하는 데 많은 도움이 된다.

예를 들어, "바쁘다"라는 말을 자주 하는 사람이 있다. 그러나 그런 사람치고 일을 효율적으로 잘하는 사람은 많지 않다. 바쁘다는 말이 생산성이 높다는 의미는 결코 아니기 때문이다.[2] 그래서 일터에서는 단순성을 추구하는 사람과 항상 바빠 보이기를 원하는 사람 사이에 늘 긴장감이 생길 수밖에 없다. 조직의 성과는 생산성으로 평가되기 때문에, 바쁘다는 말만으로는 생산성 향상에 기여하지 못한다. 반면 단순성은 업무의 핵심을 요약해 조직의 성과를 높이는 데 긍정적인 영향을 준다.

단순성으로 세련미를 보여준 애플의 디자인처럼 스티브 잡스는 모든 연설에서도 단순성을 추구했다. 2005년 스탠퍼드 대학교 졸업식 연설문도 마찬가지다. 스티브 잡스의 전기 작가인 월터 아이작슨(Walter Isaacson)은 이 연설문의 특

징을 애플의 디자인에 비유해 '기교 있는 미니멀리즘(artful minimalism)'으로 규정했다.[3]

말과 글에서 군더더기를 빼자. 더 많이 전달하겠다는 욕심을 버리고 핵심만 단순명쾌하게 전달하자. 단순성은 더하기가 아닌 빼기의 미학으로 완성된다.

STICKER MESSAGE
스티커 메시지

뉴턴은 틀렸다고 하는
새로움

디지털 미디어를 통해 누구나 창작자가 될 수 있는 시대다. 다중 채널 네트워크(Multi-Channel Networks, MCNs)에서 활동하는 개인 창작자들이 대표적이다. 다중 채널 네트워크란 전통 미디어의 콘텐츠 제작과 달리 작가, 연기자, 프로듀서, 마케터 등 여러 역할을 수행하는 개인 창작자의 창작 과정을 지원하고, '손수창작물(User Created Content, UCC)'의 체계화와 상업화를 지향하는 서비스다.[4]

 유튜브가 개인 창작자에게 수익을 배분하기 시작한 2007년 5월을 기점으로 국제적 다중 채널 네트워크 사업자가 등장했다. 어섬니스TV(Awesomeness TV, 2008년 6월), 메이커스튜디오(Maker Studios, 2009년), 풀스크린(FullScreen, 2011년 1월), 트위치(Twitch, 2011년 6월) 등이 대표적이다. 우리나라에서도 2011년 5월에 유튜브가 수익을 배분하자 크리에이터그룹(Creator Group, 2012년 4월), 아프리카TV(AfreecaTV, 2012년 4월), 콩두컴퍼니(Kongdoo Company, 2014년 3월), 비디오빌리지(Videovillage, 2014년 10월), 샌드박스네트워크(Sandboxnetwork, 2014년 11월), 트레저헌터(Treasure Hunter, 2015년 1월), 메이크어스(Make Us, 2015년 11월) 등의 사업자가 등장했다.[5]

다중 채널 네트워크 회사에는 1만 명에 이르는 창작자가 소속되어 있다. 예를 들어 대도서관(나동현), 슈카(전석재), 도티(나희선), 옐언니(최예린) 등이 인기 창작자로서 명성을 떨쳤다. 이들이 명성을 얻은 배경은 무엇일까? 콘텐츠를 재미있게 전달하는 입담도 중요하지만, 흔히 고정적으로 생각하는 것을 남다르게 해석해 새로운 의미를 창출하는 참신한 시각이 결정적 영향을 미쳤다.

MZ세대는 모바일 플랫폼을 통한 동영상 소비와 댓글 채팅에 익숙하다. 자연스럽게 앞으로 다중 채널 플랫폼의 영향력은 더 커질 것이다. 이때 익숙한 것을 다른 관점에서 해석하는 말과 글이 파급력 높은 콘텐츠를 만들 것이다.

다른 관점을 보여주는 말과 글의 중요성은 정치권에서도

STICKER MESSAGE
스티커 메시지

엿볼 수 있다.

  2021년 6월 11일, 36세에 국민의힘 수장으로 선출된 이준석 대표는 경선 과정에서 5선 의원인 주호영 의원에게 이렇게 대꾸했다. "팔공산만 다섯 번 오르고 왜 더 험한 곳을 지향하지 못하셨어요?" 주 의원이 "동네 뒷산만 다녀본 사람은 에베레스트를 오를 수 없다"라며 소장파의 경험 부족을 지적하자, 그는 주 의원이 대구를 지역구로 5선을 이어간 사실을 비꼬며 이처럼 새로운 화법으로 반문했다. 국회의원에 당선된 적이 없는 청년 정치인이 중견 정치인의 말을 참신하게 반박한 것이다. 그 순간 주호영 의원은 팔공산이라는 지역 프레임에 갇혔고, 경선은 사실상 끝난 거나 다름없었다.

  기업의 마케팅 활동에서도 '팔공산'처럼 툭 내던진 새로운 발상이 브랜드 이미지를 결정하는 경우가 많다. 사라리(Sara Lee)사의 원더브라(Wonderbra) 광고 '뉴턴' 편에서는 모두가 뉴턴이 옳다고 생각하는 상황에서 뉴턴은 틀렸다고 주장한다. 과학계의 에베레스트 같은 존재인 아이작 뉴턴이 틀렸다니, 이 말이 도대체 무슨 뜻인지 사람들이 주목할 수밖에 없다. 광고를 보면 체코 출신 모델 에바 헤르지고바(Eva Herzigova)가 검은색 브래지어를 하고 당당하게 정면을 응시

원더브라의 광고 '뉴턴' 편(1994)

한다. 그리고 아래쪽에 헤드라인이 보인다. "뉴턴은 틀렸다(NEWTON WAS WRONG)."

뉴턴이 틀렸다니? 아침에 경제 신문을 읽던 영국인들은 광고를 보고 무릎을 쳤다. 뉴턴이 사과나무에서 사과가 떨어지는 모습을 보고 질량을 가진 물체끼리는 서로를 끌어당기는 힘이 있다는 만유인력의 법칙을 발견했다는 사실은 초등학생도 안다. 지구의 중력 때문에 모든 사물은 아래로 떨어지는 성질이 있는데, 원더브라는 가슴을 받쳐 올려주니 뉴턴이 틀렸다는 의미였다. 가슴을 모아주고 올려준다며 한목소리로 주장하는 당시 다른 속옷 광고들과 달리 뉴턴의 만유인력 법칙을 역으로 이용해 브래지어의 '푸시업(push-up)' 기능을 강조한 것이다.

원더브라 광고는 선정적인 느낌이 들지 않는다. 성적 소구(sex appeal) 기법은 광고의 기법 중 하나지만, 맹목적으로 선정적인 광고를 만들면 곤란하다. 그런데 비교적 선정적 표현이 허용되는 속옷 광고에서 선정성을 자제함으로써 오히려 주목을 끌었으니, 선정적으로 소구하는 광고의 바람직한 방향을 제시했다고 할 수 있다. 가슴을 모아주고 올려준다고 자극적으로 묘사하지 않고, 기존에 봐왔던 광고들과 달리 "뉴턴은 틀렸다"는 새로움이 메시지를 착착 달라붙게 하는 스티커 기능을 발휘했다.

광고인 이제석이 제작해 여러 국제 광고제에서 상을 받은 반전(反戰) 포스터 '뿌린 대로 거두리라' 편은 이라크 전쟁에 반대하는 메시지를 새롭게 표현해 주목받았다. 인쇄 광고를 보면 병사 한 명이 적을 향해 총구를 겨눌 뿐이다. 카피도 왼쪽 하단에 "COMES AROUND", 오른쪽 하단에 "WHAT GOES AROUND"로 분리해 구체적인 의미를 알 수 없다. 하지만 인쇄 광고를 둥근 기둥에 붙이자 광고판이 돌돌 말리면서 총구가 병사의 뒤통수를 겨눈다. 포스터가 기둥에 부착되는 순간 카피도 자연스럽게 연결되며 "뿌린 대로 거두리라(WHAT GOES AROUND COMES AROUND)"라는 의미가 완성된다. 시리즈로 제시된 '탱크' 편에서도 탱크에 올라탄 병사들이 적을 향해 총구를 겨누지만, 인쇄 광고를 둥근 기둥에 붙이자 탱크의 포신(砲身)이 자신을 겨냥하는 모습이다.

이 반전 포스터는 버락 오바마 미국 대통령이 취임할 무렵인 2009년 1월 뉴욕과 워싱턴 거리에 붙였다. 이라크전은 2003년 3월 20일 미국의 이라크 침공으로 시작돼 2011년 12월 15일에 끝났다. 그리고 미군이 철수하자마자 이라크는

STICKER MESSAGE
스티커 메시지

반전 포스터 '뿌린 대로 거두리라' 편(2009)

내전에 휩싸였다. 이 포스터가 이라크 전쟁을 끝내는 데 직접적인 영향을 미치지는 않았겠지만, 전쟁 기간에 나온 어떠한 반전 메시지보다 강력하고 인상적이었다.

현장 맞춤형으로 만든 포스터 한 장은 세상을 깜짝 놀라게 했다. 적을 향해 겨눈 병사의 총구 그림이 둥근 기둥에 부착되자 오히려 병사 자신을 겨누는 접근법은 사람들의 뒤통수를 쳤다.

원더브라의 광고와 이제석의 반전 포스터 광고에서 가져온 스티커 메시지는 새로움이다. 새로움이란 누구나 알고 있는 익숙한 것을 뜻밖의 방식으로 해석해 새로운 의미를 만드는 것이다. 모두가 뉴턴이 옳다고 생각하는 상황에서 뉴턴은 틀렸다고 했으니, 주목할 수밖에 없다. 만유인력의 법칙을 브래지어의 기능에 접목하자, 착착 달라붙는 스티커 메시지가 탄생했다. 적에게 겨눈 총구가 결국은 자기 뒤통수를 향한다는 내용의 반전 포스터도 익숙한 것을 새로운 의미로 해석한 통찰력이 돋보인다.

만약 이준석 대표가 주호영 의원을 향해 대구에서만 다섯 번 출마한 분이라고 반박했더라면 파급력이 그토록 크지 않았을 것이다. 그는 대구라는 지역이 아닌 팔공산을 소환해 에

STICKER MESSAGE
스티커 메시지

베레스트와 대척점에 세우며 사람들의 뇌리에 깊은 인상을 남겼다. 팔공산이라는 단어를 소환한 것만으로도 그는 정치판에 우뚝 서기에 충분했다. 등산을 즐기는 이들에게 팔공산은 그렇게 만만한 산이 아니지만, 이준석 대표의 발언 때문에 앞으로 팔공산은 만만한 산으로 기억될 가능성이 높다.

뉴턴만 틀린 게 아니다. 뭘 이야기하는지 알 수 없다면 당신의 말이나 글도 틀렸을 수 있다. 그렇지만 새로운 접근법을 시도한다면 쉽게 잊히지 않는 스티커 메시지가 되어 말과 글이 힘을 얻고 공감대를 넓힐 것이다.

한 단어로 많은 것을 말하는 명료성

유대인의 지혜서《탈무드》에 이런 구절이 있다. "많은 단어로 적게 말하지 말고 적은 단어로 많은 것을 말하라." 사람들 앞에서 말할 기회가 누구보다 많은 경영자나 정치인은 물론 모든 사람이 깊이 새겨야 할 경구다. 그렇지만 어떻게 해야 적은 단어로 많은 것을 말할 수 있을까?

현대 저널리즘의 창시자인 조셉 퓰리처(Joseph Pulitzer)는 글쓰기와 관련해 이런 원칙을 강조했다. "짧게 써라, 그러면 읽힐 것이다. 명료하게 써라, 그러면 이해할 것이다. 그림같이 써라, 그러면 기억 속에 머무를 것이다. 무엇보다 정확히 써라, 그러면 독자를 올바른 길로 이끌 것이다."[6] 글쓰기의 네 가지 원칙은 퓰리처상 수상작 사진전에서 단골로 소개되는

STICKER MESSAGE
스티커 메시지

문구이기도 하다.

"Less is more." 이 말은 미니멀리즘을 표방하는 현대의 건축 철학이다. "적을수록 풍부하다", "빼기가 곧 더하기다" 정도로 번역할 수 있을 듯하다. 광고에서도 더하기(+)가 아닌 빼기(-)의 미학을 강조한다. 어쨌든 빼고 버리고 내려놔야 더 낫다는 뜻으로 이해할 수 있다.

다이어트 훈련 프로그램으로 널리 알려진 네덜란드의 핏 앤슬랭크(Fit&Slank)의 광고 '식재료' 편은 "Less is more"라는 헤드라인으로, 덜 먹고 더 많은 것을 얻으라는 메시지를 전달한다. 이 프로그램은 간단한 식사를 제공하고 사람들에게 세 가지 규칙과 일곱 가지 약속을 지키라고 주문하며 피트니스 훈련을 실시한다. 자격을 갖춘 영양 코치가 건강하고 바른 자세, 맵시 있는 몸에 대해 조언하며 동기를 부여한다. 훈련 프로그램에 참여한 사람들은 자신이 원하는 몸무게까지 감량함으로써 자부심을 느낀다.

광고를 보면 식탁에 채식 위주의 식재료가 놓여 있다. 적을수록 좋다는 건강한 식단으로 목표 체중을 달성할 수 있다거나 훈련 프로그램 내용을 구구절절 설명하지 않고 식재료 몇 개와 헤드라인만 남겨 메시지를 명료하게 전달한다.

핏앤슬랭크의 광고 '식재료' 편(2020)

"Less is more"를 비튼 경우도 있다.

스위스 하이포스위스(Hyposwiss) 프라이빗 뱅크의 광고 '여백' 편을 보면 넓은 지면에 "Less is not more"라는 헤드라인뿐이다. 프라이빗 뱅크(private bank)란 고소득자나 자산가들에게 은행에서 별도로 제공하는 투자 정보나 금융 서비스를 말한다. 한마디로 VIP 고객 맞춤형 은행 서비스다.

이 광고는 기존에 널리 알려진 "Less is more"를 부정하는 메시지를 만들어냈다. "적을수록 좋은 것은 아니다." 익숙한 말을 은행의 특성에 맞게 표현한 것이다. 수익이나 이자를 덜 주는 것이 더 낫다고 할 수 없다는 의미를 절묘하게 풀어냈다. 군더더기를 최대한 제거하자 핵심 메시지가 더 명료해져 많은 의미를 전달한다. 그리고 오른쪽 하단에 "기대하던 것을 기대하라(Expect the expected)"라는 멋진 슬로건을 덧붙였다. 여백의 미를 살린 레이아웃에 매료돼 사람들이 더 호기심을 느꼈을 것이다.

앞의 두 광고에서 채굴한 스티커 메시지는 명료성이다. 명료성이란 뚜렷하고 분명한 성질이다. 말이나 글에서 두드러지게 나타나는 분명한 뜻을 말한다. 명료성은 설명문과 논설문은 물론 연설문에서도 중요한 구성 요소다. 명료한 표현은 그

"Less is not more."

HYPOSWISS
PRIVATE BANK

Expect the expected

하이포스위스 프라이빗 뱅크의 광고 '여백' 편(2017)

렇지 않은 표현에 비해 전달력이 훨씬 강하다.[7]

"Less is more"라는 표현은 현대 건축의 3대 거장으로 추앙받는 루트비히 미스 반 데어 로에(Ludwig Mies van der Rohe)가 1947년에 미니멀리즘 건축의 개념을 설명하기 위해 처음 사용한 것으로 알려져 있다. 하지만 사실은 시인 로버트 브라우닝(Robert Browning)이 1855년에 발표한 시 〈안드레아 델 사르토(Andrea del Sarto)〉에 처음 등장한다. 아마도 루트비히 미스 반 데어 로에가 브라우닝의 시를 읽고 차용하지 않았을까 싶다.

시대를 한참 거슬러 올라가 중국 명나라 때 문인화가 동기창(董其昌)도 '소중현대(小中現大)'의 미학을 강조했다. 동기창 화론(畵論)의 핵심은 작은 것에서 큰 것을 드러내는 데 있었다. 동양의 '소중현대' 미학이 서양의 '적을수록 풍부하다'라는 건축 철학보다 훨씬 먼저 나왔다고 할 수 있다.[8]

명료성은 시대의 언어를 창조하는 원천이다. 역사상 가장 주목할 만한 광고 슬로건으로 선정된 "우유 있어요(Got milk)?"는 두 낱말에 불과하다. 하지만 우유가 없을 때 느끼는 당혹감을 적절하게 표현해, 20년간 줄어들던 우유 판매량을 상승세로 바꾸었다. 빌 클린턴도 1992년 미국 대통령 선거에서 "바보야, 문제는 경제야!(It's the economy, stupid!)"라는 명료한 슬로건을 내걸어 제42대 대통령에 당선됐다.

　우리 모두 적은 단어로 많은 것을 말할 수 있는 언어력을 길러야 한다. 너무 복잡하고 장황한 말과 글을 경계하자. 명료한 것이 늘 최고는 아니지만, 최고는 늘 명료하다.

STICKER MESSAGE
스티커 메시지

누구나 알 수 있도록
쉽게 표현하기

20여 년 전, 처음으로 학술지에 논문을 투고했다. 조마조마한 마음으로 심사 결과를 기다렸는데, 심사위원 세 명 모두 '게재 불가' 판정을 내렸다. 연구 방법과 연구 결과의 해석은 어느 정도 타당하지만 글쓰기의 기본이 안 되어 있다는 것이 대체적인 의견이었다. 한때 소설가를 꿈꿨고 광고 회사에서 카피라이터로 일했는데 글쓰기의 기본도 안 됐다는 평가를 받으니 조금 어이가 없었다.

곰곰이 생각해보니, 제품의 특성을 쉽게 전달하는 카피라이터로서의 글쓰기 습관이 논문의 문장에도 반영된 듯했다. 논문 초안에서 형용사와 부사를 모두 없애고 다시 투고했더니 '대폭 수정 후 재심사' 판정이 내려졌다. 그래서 조금 더 어려운 문장으로 고치고 관념어를 일부러 집어넣은 수정본을 다시 투고했더니 '부분 수정 후 게재' 결과가 나왔다. 또다시 고쳐 '무수정 게재' 판정을 받기까지 꼬박 1년 동안 나는 논문 투의 어려운 글쓰기 스타일을 억지로 배우고 익히느라 고군분투했다.

그런데 논문도 아닌 글이 너무 어렵게 쓰여 무슨 뜻인지 알 수 없는 경우가 많다. 꼭 어려운 용어를 쓰며 자신의 뜻을 전달하는 사람들도 있다. 다음 광고를 보며 쉽게 표현하는 것이 얼마나 중요한지 생각해보자.

아우디의 A4 올로드(Allroad)의 광고 '모든 길' 편에서는 자동차의 가치를 누구나 알기 쉽게 알렸다. 지면을 크게 가로지르는 헤드라인이 시선을 사로잡는다. "모든 길은 로마로 통하지만, 올로드는 어디든 통할 수 있습니다(All roads lead to Rome, but an Allroad can lead everywhere)." 누구나 "모든 길은 로마로 통한다"라는 말을 들어보았을 것이다. 이 광고는 말장난 같은 언어유희를 재치 있게 구사해 광고 메시지를 쉽게 이해하도록 했다.

작은 도시국가였던 로마는 결코 하루아침에 이루어진 것이 아니다. 길을 닦으며 시작된 로마는 길을 확장하며 대제국

STICKER MESSAGE
스티커 메시지

All roads lead to Rome,
but an Allroad can lead everywhere.

아우디의 A4 올로드 광고 '모든 길' 편(2017)

으로 완성됐다. 이런 사정에 주목한 17세기 프랑스의 우화작가 장 드 라 퐁텐(Jean de La Fontaine)이 "모든 길은 로마로 통한다"라는 말을 처음으로 썼다고 알려져 있다.[9] 광고에서는 아우디의 올로드 모델을 알리며 브랜드 이름을 살짝 비틀었다. 올로드를 '모든 길(All roads)'이라고 표현하며 자동차의 가치를 누구나 이해할 수 있게 했다.

페덱스(FedEx)의 광고 '이튿날 배송' 편에서는 독일과 미국의 아침 인사를 섞어, 다음 날 배송된다는 국제 특송의 장점을 쉽게 알렸다. 광고 가운데를 크게 차지하는 헤드라인 "구텐 모닝(Guten Morning)"은 얼핏 보면 국적 불명의 말 같지만 잠시 생각해보면 뜻이 쉽게 다가온다. 그리고 아래쪽에 "밤새 배송(Overnight delivery)"이라는 카피를 넣어 헤드라인의 이해를 도왔다.

광고에서는 독일어의 아침 인사 "구텐 모르겐(Guten Morgen)!"과 영어의 아침 인사 "굿 모닝(Good Morning)!"에서 한 단어씩 가져와 "구텐 모닝(Guten Morning)"이라는 새로운 말을 만들었다. 독일에서 출발할 때는 '구텐'이라고 인사했는데, 이튿날 아침 미국에 도착해서는 '모닝'이라고 인사할 정도로 빠르게 배송된다는 의미다. 서양인들이 독일이나 미국

STICKER MESSAGE
스티커 메시지

Guten Morning

Overnight delivery.

페덱스의 광고 '이튿날 배송' 편(2018)

의 아침 인사 정도는 대부분 알고 있을 테니, 신조어라 할지라도 광고 메시지를 쉽게 이해했을 것이다.

앞의 두 광고에서 채굴한 스티커 메시지는 손쉬움이다. 손쉬움이란 이해하려고 애쓰지 않아도 누구나 알기 쉽게 글을 쓰고 말해야 한다는 뜻이다. 넷플릭스의 〈오징어게임〉이 세계에서 주목을 받은 데는 여러 요인이 있겠지만, 인종과 문화의 벽을 넘어 누구나 게임을 이해하고 따라 할 수 있는 '손쉬움'이란 점이 결정적 영향을 미쳤다. 콘텐츠를 소비하는 사람들은 복잡하고 어려운 게임 규칙보다 직관적으로 이해하기 쉬운 규칙을 좋아할 수밖에 없다. 극의 흐름을 이끌어 가는 〈오징어게임〉의 놀이 규칙은 세계인 누구나 잠깐만 배우면 따라 할 수 있을 정도로 쉬웠다.

회사에서도 마찬가지다. 말을 하거나 글을 쓸 때 신입사원부터 임원에 이르기까지 누구나 알 수 있도록 쉽게 표현해야 한다. 상황에 따라 빠져나갈 구멍을 만들어놓고 모호해서 무슨 뜻인지 알 수 없게 말한다면 결코 설득에 도움이 될 수 없다.

요즘은 어떤 분야를 이해하지 못하는 사람이 많은 탓인지 일반인을 대상으로 정보 문해력을 키우는 리터러시(literacy) 교육도 많이 열리고 있다. 디지털 리터러시, 미디어 리터러시,

STICKER MESSAGE
스티커 메시지

게임 리터러시, 데이터 리터러시, 시네마 리터러시, 뉴스 리터러시, 소셜 리터러시, 헬스 리터러시 같은 교육을 통해 그 분야에 대한 이해력과 문해력을 높였으면 좋겠다. 그런데 리터러시 교육을 받고 나서도 그 분야를 이해하지 못하고 계속 어려워하는 사람이 많다. 그것은 배우는 사람의 잘못이 아니라 쉽게 가르치지 못한 강사의 잘못일 가능성이 크다. 강사 자신도 충분히 소화하지 못한 상태에서 가르치면 어렵게 설명하고 아쉬움을 남길 수밖에 없다. 수강생에게는 아쉬움이 아닌 '아, 쉬움'을 줘야 한다. 말에서도 글에서도 교육에서도, 결국 쉬움이 어려움을 이긴다.

STICKER MESSAGE

TARGETING

2. 표적화

누구에게 말할 것인가

한곳에 집중하는
표적화

디지털 시대에 유행하는 개인 맞춤형 광고에서는 "당신에게만 추천하는…"과 같은 식으로 카피를 활용한다. SNS를 하다 보면 나에게 맞춘 듯한 광고가 곳곳에 보인다. 이렇게 개인의 특성에 맞춘 광고를 그냥 지나치기는 어렵다. 개인 맞춤형 광고는 이용자의 온라인 검색 기록과 방문 사이트 정보 등을 수집한 데이터를 바탕으로 개인에게 맞춰 최적화하는 광고 기법이다. 같은 연령대라도 각각의 취향과 관심사를 반영한 일대일 표적 맞춤형 광고를 하는 것이다.

미국 아만다 재단(Amanda Foundation)의 온라인 광고 '반려동물 매칭' 편도 맞춤형 광고다. 로스앤젤레스에 있는 아만다 재단은 40년 넘게 동물복지 운동을 전개해온 비영리 단체다.

STICKER MESSAGE
스티커 메시지

동물보호소에 갇혀 있는 개나 고양이가 자신과 맞을지 모르겠다며 입양을 망설이는 사람들이 있다는 사실을 알고, 캘리포니아주 비벌리힐스의 동물보호소에서 지내는 동물들을 적임자에게 입양시키기 위한 반려동물 매칭 캠페인(Pet-Matching Effort Campaign)을 시작했다. 반려동물을 소개하는 배너 광고를 입양 적임자에게 개인 맞춤형으로 노출하는 것이 핵심 아이디어였다. 인구통계적 특성과 라이프 스타일을 고려해 반려동물을 입양하라는 맞춤형 광고를 웹 사이트에 게재했다. 예를 들어, 좌식 생활을 하면서 작은 개를 좋아하는 사람에게는 치와와 광고를 내보내고, 독서가 취미인 사람에게는 책 옆에 웅크리고 앉아 있기를 좋아하는 고양이 광고를 노출시켜 반려동물과 새로운 주인을 연결해주는 방식이었다.

반려동물과 최적의 주인을 연결하는 데는 디지털 타기팅 기술이 활용됐다. 이 광고를 제작한 사치앤사치(Saatchi & Saatchi) 로스앤젤레스 지사는 사람들의 개인 생활 패턴에 맞춰 광고를 노출하는 프로그래매틱 광고(programmatic advertising) 기법을 활용했다.[1] 사람들의 나이나 거주지 같은 인구통계적 특성과 별개로 컴퓨터 방문 기록(쿠키)을 고려해 반려동물의 특성과 연결했다. 반려동물 사진에 다음과 같은 카피를 넣어

선호하는 개나 고양이를 입양할 가능성이 높은 적임자에게 보냈다.

"나는 대자연을 사랑해요, 당신처럼."
"나는 강아지 생활 용품을 좋아해요, 당신처럼."
"나는 훌륭한 식사를 좋아해요, 당신처럼."
"나는 팝콘과 영화 보는 밤을 좋아해요, 당신처럼."
"나는 달리기를 좋아해요, 당신처럼."
"나는 세련된 모습을 좋아해요, 당신처럼."
"나는 경기 관람을 좋아해요, 당신처럼."
"나는 마을 산책을 좋아해요, 당신처럼."
"나는 아이들과 놀기를 좋아해요, 당신처럼."
"나는 고양이 비디오를 좋아해요, 당신처럼."
"나는 좋은 책과 함께 웅크려 있기를 좋아해요, 당신처럼."

개나 고양이의 귀여운 사진과 카피는 반려동물이 필요한 사람들의 마음을 단숨에 사로잡았다. 보호소에 있던 반려동물은 자신에게 딱 맞는 주인을 만났고, 사람들도 자기가 진심으로 키우고 싶은 반려동물을 입양했다. 결국 서로가 원하는

STICKER MESSAGE
스티커 메시지

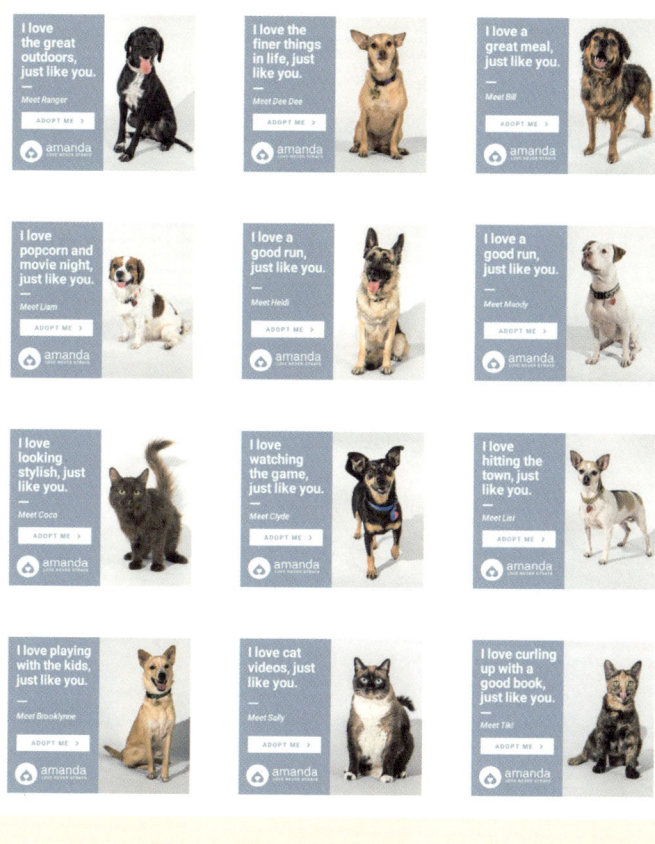

아만다 재단의 광고 '반려동물 매칭' 편(2015)

완벽한 짝을 찾는 데 기대 이상의 성공을 거두었다.

프로그래매틱 광고란 이용자의 검색어나 검색 경로 같은 빅데이터와 디지털 알고리즘에 따라 적합한 광고물을 자동으로 배치해주는 첨단 광고 기술이다. 개인 정보를 활용하지 않고 방문 기록을 활용해 자료를 생성하기 때문에, 이용자의 프라이버시 침해도 최소한으로 줄어든다. 한마디로, 반려동물 입양 캠페인이 성공한 데는 프로그래매틱 광고 기술을 바탕으로 한 개인 맞춤 표적화가 결정적 영향을 미쳤다.

반려동물과 사람을 연결해주는 광고에서 채굴한 스티커 메시지는 표적화다. 표적화란 효과적으로 공략할 수 있는 최적의 목표 시장을 선정하고 의사 결정을 내리는 전략적인 판단 과정이다. 어떤 대상이나 시장에 대한 장단점을 분석한 다음 집중적으로 공략할 대상을 결정하는 것이기 때문에 표적화가 매우 중요하다. 더욱이 빅데이터를 바탕으로 한 표적화는 마케팅 전략의 새로운 가능성을 열어주었다.

반려동물 매칭 캠페인에서 가장 눈여겨볼 부분은 동물의 입양 건수를 무조건 늘리려 하지 않고, 동물들에게 가장 적절한 새 주인과 가족을 연결하는 데 치중했다는 점이다.[2] 따라서 동물이 새로 만날 가족에게 사랑받을 가능성이 얼마나 높

STICKER MESSAGE
스티커 메시지

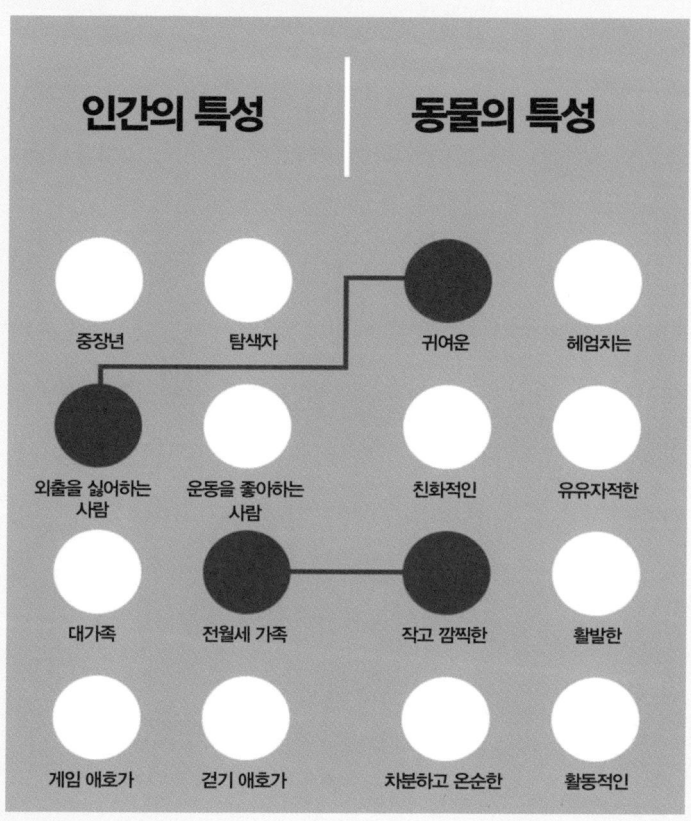

아만다 재단에서 제시한 인간과 동물의 매칭 개념도(2015)

은지를 가장 중요하게 고려했다. 입양 후보자에게도 단순한 느낌만으로 반려동물을 선택하지 않도록 권고했다. 정확한 표적화 전략에 따라 주인과 반려동물은 환상의 콤비를 만날 수 있었다.

 소통에서도 정확한 표적화가 중요하다. 어떤 말을 할 것인지 궁리하기 전에, 어떤 대상에게 메시지를 전할지 고민해야 한다. 화살이 과녁의 중심에 정확히 꽂히는 명중은 표적을 정확히 꿰뚫어보고 활시위를 당겼을 때만 가능하다. 마찬가지로 표적 대상자의 라이프스타일, 가치관 등을 고려해 겨냥한다면 메시지가 상대 마음속에 정확히 꽂힐 수 있다. 큐피드의 화살처럼 명중시키려면 표적을 정확히 조준해야 한다.

 여러 방송에서 남녀 간의 매칭 프로그램이 인기를 끌고 있다. 여기에서도 표적을 정확히 꿰뚫어보는 안목, 다시 말해 어울릴 만한 짝을 알아보는 눈썰미가 중요하다. 이처럼 사람 관계에서도 표적과의 정확한 매칭이 성공 확률을 높인다. 이 사람과는 안 맞는 사람이 다른 사람과는 잘 맞을 수 있다. 표적을 잘못 선택한 순간의 착오 때문에 평생 서로 엇갈리는 결혼 생활을 하는 부부도 있다.

STICKER MESSAGE
스티커 메시지

안타깝지 않은가? 심지어 중심을 향해 쏜 화살이 아예 과녁 밖으로 사라져 이혼하는 부부도 있다. 표적화를 얼마나 잘하느냐가 인생의 많은 것을 결정한다.

머릿속을 차지하는 위치화

"저녁이 있는 삶!"

손학규 전 통합민주당 상임고문이 2012년 제18대 대선후보 경선에 나서며 내건 슬로건이다. 이 말은 이제 주 52시간 근무와 '워라밸' 문화를 대변하는 문구가 됐다. 한마디로, 인간답게 살아보자는 뜻이 담긴 이 문구는 바쁘게 일하느라 저녁도 없이 살아가는 사람들에게 깊은 성찰을 하게 만들었다. 저녁이 없는 삶과 저녁이 있는 삶을 대비시킨 강한 호소력 때문에 저녁이 있는 삶이란 말은 시간이 흘러도 사람들의 기억에서 쉽사리 사라지지 않는다.

    이처럼 어떤 대상이 사람들의 머릿속에 하나의 단어로 자리매김하는 것을 위치화라고 한다. 현재 진행형으로 계속 어

STICKER MESSAGE
스티커 메시지

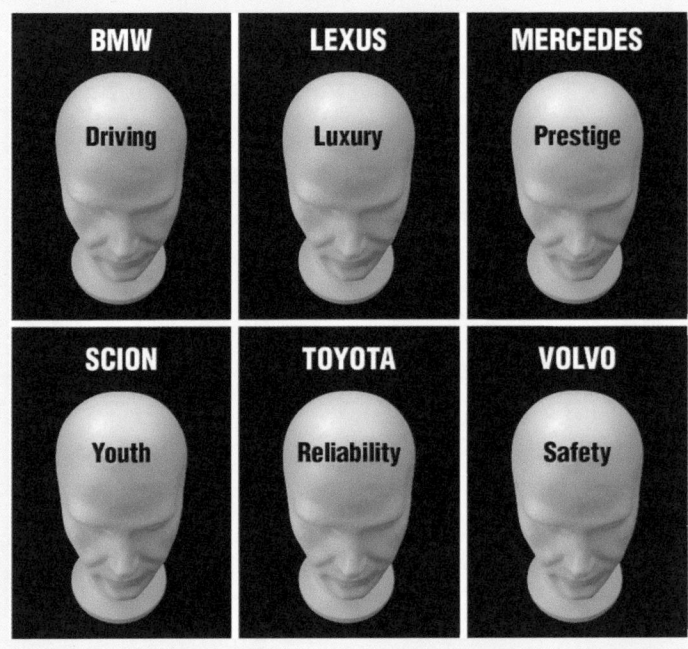

여러 자동차 브랜드의 위치화

떤 위치를 잡아가는 것이다.

일정 수준 이상의 자동차는 사실 성능 면에서 별 차이가 없다. 설령 있다 하더라도 미세할 뿐이고 나머지는 인식의 차이다. 그런데도 사람들은 왜 각각 다르게 인식하는 것일까? 사람들은 BMW는 질주(Driving)로, 렉서스는 고급스러움(Luxury)으로, 메르세데스 벤츠는 품격(Prestige)으로, 사이언은 젊음(Youth)으로, 토요타는 신뢰(Reliability)로, 볼보는 안전(Safety)으로 인식한다. 기업들은 자동차 광고에서 여러 단어를 쓰지 않고 오랫동안 하나의 메시지를 강조했다.

자사 브랜드를 경쟁 브랜드의 강점 또는 약점과 비교해 틈새에 자리매김하는 위치화 전략은 일찍이 잭 트라우트(Jack Trout)와 알 리스(Al Ries)가 그 개념을 제시한 이후,[3] 광고계에서 다양한 맥락으로 활용됐다.

청량음료 세븐업(7Up)의 '콜라 아님(The Uncola)' 캠페인의 서막을 연 '봉지' 편을 보자. 봉지에 담겨 있는 두 개의 음료가 무엇인지는 알 수 없지만, 봉지를 벗겨낸 병은 세븐업이다. 병에는 '콜라 아님'이라는 표시와 함께 이런 헤드라인이 돋보인다. "언콜라 같은 콜라는 없습니다(There's no cola like The Uncola)."

STICKER MESSAGE
스티커 메시지

세븐업의 론칭 광고 '봉지' 편(1968)

콜라가 아니라니? 소비자들은 당황하면서도 호기심을 느꼈을 것이다. 콜라의 대안으로 판매하겠다는 전략이지만, 당시로서는 모험에 가까운 결정이었다. 1960년대 후반까지 세븐업은 위기에 처해 있었다. 시장 점유율과 매출이 경쟁사들보다 크게 떨어진 상태에서, 세븐업이 상쾌하고 신선하며 갈증을 해소한다는 메시지를 아무리 강조해도 효과가 별로 없었다. 비유하자면, 갑판의 의자를 재배치할 때가 아니라 침몰하는 배를 어떻게든 구해야 하는 중차대한 시점이었다. 어떠한 마케팅 수단도 효과가 없는 상황이어서 차별화된 광고 메시지가 절실했다.

광고 의뢰를 받은 광고 회사 J. 월터 톰슨(JWT) 시카고 지사는 먼저 맛 테스트를 실시해, 소비자들이 세븐업을 콜라 대신 마시는 상쾌한 음료로 인식하고 있다는 점을 발견했다. 여기에서 통찰력을 얻어 경영진에게 '콜라 아님(The Uncola)'이라는 아이디어를 제시했다. 콜라가 아닌 다른 음료라는, 말도 안 되는 주장이었다. 더욱이 언콜라(Uncola)는 이상하게 들리는 비문법적 표현이었다. 숱한 반대에도 불구하고 당시 최고 경영자는 광고 회사의 제안을 받아들여 세븐업을 콜라를 대신할 음료로 팔기로 결정했다. 결국 세븐업은 엄청난 반향을

STICKER MESSAGE
스티커 메시지

일으켜, 미국 청량음료 시장에서 코카콜라와 펩시콜라에 이어 시장 점유율 3위 브랜드로 급부상했다.

위치화 전략에 따르면, 마케팅이란 실제 시장 점유율에 관계없이 소비자들이 어떤 브랜드를 어떻게 느끼는가 하는 인식의 싸움이다.[4] 콜라의 대안으로 판매하겠다는 세븐업의 전략은 세 가지 맥락에서 효과를 발휘했다.

첫째, 청량음료에 대한 사람들의 인식을 억지로 바꾸려 하지 않고 여론의 흐름에 자연스럽게 따라가도록 했다. 둘째, 여러 청량음료 브랜드를 콜라의 범주로 묶어 경쟁 브랜드를 효과적으로 재배치했다. 셋째, 콜라가 아니라는 위치화 메시지를 통해 기존의 거대 브랜드에 대립함으로써 젊은이들의 저항(Un-) 문화와 연결했다. 구시대적인 고정관념에 맞서는 젊은이들의 의식에 접근한 것이다. 이후 1970년대 후반까지 10년 동안 계속된 이 캠페인은 현대 광고사에서 위치화의 개념을 본격적으로 적용한 대표 사례로 꼽힌다.

미국 속담에 이런 말이 있다. "자리매김을 원한다면 어떤 입장을 취하라(If you want a positioning take a position)." 적이 없는 사람은 친구도 없다며, 역사의 변증법을 설명한 헤겔의 주장과도 일맥상통한다. 사람들은 어떤 입장을 취했다가 상황이 불리해질까봐 소신을 드러내지 않는 경우가 많다. 정치 후보자에 대한 지지 선언을 유보하는 경우가 대표적이다. 지지하지 않은 후보가 당선되면 낭패를 볼 수 있는 상황에서 어떤 후보를 공개적으로 지지한다면 위치화 개념을 몸소 실천하는 것이다.

어떤 입장을 취하면 자리매김이 분명해지지만 그만큼 외로운 법이다. 가수 조용필의 노래 〈킬리만자로의 표범〉에 이런 구절이 있다. "사랑이 외로운 건 운명을 걸기 때문이지. 모든 것을 거니까 외로운 거야. 사랑도 이상도 모두를 요구하는 것. 모두를 건다는 건 외로운 거야……."

그렇다. 위치화란 하나에 모든 것을 거는 일이다. 그러니 외로울 수밖에 없다. 인생도 마찬가지다. 기업의 브랜드 메시지나 정치 슬로건은 더 말할 필요도 없다. 그러나 차별화된 경쟁력을 갖추기 위해서는 말과 글에서 하나에 집중하는 단호함이 필요하다.

STICKER MESSAGE
스티커 메시지

롤 모델 자체가
메시지다

 닮고 싶고 배우고 싶은 리더가 있는 조직은 조직원들에게 성장 욕구를 일깨운다. 조직원들은 자연스럽게 일에 대한 동기부여도 될 것이다. 물론 현실에서는 저런 사람은 닮지 말아야지 하고 생각되는 경우가 훨씬 더 많다. 대중적으로 호감도가 높고 롤 모델이 될 만한 이가 전하는 메시지는 신뢰가 간다. 그래서 기업들에서는 브랜드의 이미지를 대표하고 롤 모델이 될 만한 인물을 찾는 데 많은 고민을 한다. 물론 롤 모델도 중요하지만 잊지 말아야 할 것은 롤 모델을 내세우는 방식이다.
 국제사면위원회의 '어린 인권운동가' 시리즈 광고에서는 위인들을 소환해 영국과 벨기에를 비롯한 여러 나라에서 인권의 중요성을 강조했다. 1961년 설립되어 영국 런던에 본부를

두고 있는 국제사면위원회는 독재적인 국가 권력에 의해 구금된 정치범을 구제하기 위한 국제적 조직이다. 2015년 국제사면위원회는 미래의 인권 활동가를 모집하기 위해 학생 사진 공모전을 실시했고, 이 공모전을 알리기 위해 마하트마 간디(Mahatma Gandhi), 마틴 루서 킹(Martin Luther King), 넬슨 만델라(Nelson Mandela) 같은 위인들의 어린 시절을 떠올리게 하는 광고를 제작했다.

광고는 비주얼만 다를 뿐 같은 카피를 사용했다. "모든 위대한 인권 운동가도 한때는 어렸다." 노란색 바탕에 검은색 고딕체로 헤드라인을 부각시켰다. 헤드라인을 박스 안에 넣고 바로 아래 박스에 보디 카피를 담았다. "반 친구들과 '눈의 권리(rights in the eye)' 사진 공모전에 참여해 국제사면위원회가 인권을 위해 투쟁할 수 있도록 도와주세요." 인권 문제를 사진으로 담아 공모전에 출품하라는 메시지를 전달했다.

'어린 간디' 편에서는 생전의 마하트마 간디를 연상시키는 외모를 지닌 어린이가 등장했다. 하얀 옷을 입은 채 머리를 빡빡 깎고 안경을 쓴 모습이 영락없는 간디다. 두 손을 모으고 진지하게 기도하는 자세도 자못 흥미롭다. 눈망울이 착해 보이지만 눈빛이 초롱초롱한 걸 보니 인권 침해를 당하면 절

STICKER MESSAGE
스티커 메시지

국제사면위원회의 광고 '어린 간디' 편(2015)

국제사면위원회의 광고 '어린 루서 킹' 편(2015)

대 참지 않고 문제를 제기할 것 같다. 늙은 간디가 영특한 어린 시절로 되돌아간 느낌이다.

인도 민족운동의 정신적 지도자였던 마하트마 간디는 비폭력 운동으로 영국의 식민 치하에 있던 인도의 독립을 주도했다. 남아프리카 공화국에서 인도인에 대한 인종 차별을 목도한 뒤, 1894년에 '나탈 인도 국민회의'를 창설하고 인도인의 단결을 촉구했다. 1947년 인도가 독립하자 힌두교도와 이슬람교도의 갈등을 중재하려고 노력하다, 1948년 힌두교의 급진주의 무장단체에 의해 암살당했다.

'어린 루서 킹' 편에서는 웅변을 하고 있는 흑인 소년이 한눈에 들어온다. 어린이답지 않게 넥타이까지 맨 정장 차림이다. 어른들이 선호하는 군청색 정장이 소년에게도 잘 어울린다. 오른쪽 가슴에는 마틴 루서 킹 주니어 목사의 상징인 "나에게는 꿈이 있습니다"라는 문구가 새겨진 배지를 달았다. 왼손을 가슴에 대고 오른손을 들어 올린 채 정면을 응시하는 자세가 단호해, 인종 차별 철폐 운동의 상징인 킹 목사를 연상시킨다. 마틴 루서 킹은 침례교 목사로서 인종 차별이 극심했던 1950~1960년대 미국에서 흑인의 비폭력 인권운동을 주도했다. 1963년 "나에게는 꿈이 있습니다"로 시작하는 세기의 연설은 전 세계 많은 이의 가슴을 울렸고, 1964년에 노벨 평화상을 받았다. 그러나 1968년 극우파 백인 제임스 얼 레이(James Earl Ray)의 총에 맞아 39세 나이로 사망했다. 1986년에 미국 의회는 그의 뜻을 기리기 위해 1월 셋째 주 월요일을 국경일로 지정했다.

공모전 출품작은 가능하면 사진을 찍은 장소를 밝히고, 어떤 인권 문제를 나타내는지 설명해야 한다. 그러나 이 광고는 구구절절한 설명 대신 누구나 인권 문제의 롤 모델로 떠올리는 간디와 루서 킹을 내세워 공모전의 메시지를 제시했다.

벨기에 브뤼셀에 있는 광고 회사 에어(Air)는 간디나 킹 목사의 실제 사진을 쓰지 않고, 이미지가 비슷한 어린이 모델을 통해 위대한 인권 운동가들을 롤 모델로 연상하도록 했다. 이것이 이 광고에서 가장 주목할 점이다.

이 광고에서 채굴한 스티커 메시지는 모델링이다. 모델링은 하나 이상의 모델을 관찰함으로써 나타나는 행동적, 인지적, 정서적 변화를 가리키는 용어로, 사회인지학습 이론의 핵심 요소다. 업무 분야나 일상생활, 또는 인생에서 본받을 만하거나 모범이 되는 대상을 말하기도 한다. 요즘 흔히 사용하는 멘토는 모델링 혹은 롤 모델의 하위 개념이다. 멘토라는

STICKER MESSAGE
스티커 메시지

말은 호메로스의 《오디세이》에 등장하는 오디세우스의 조언자 이름에서 유래했다. 트로이 전쟁에 출전하게 된 오디세우스는 친구인 멘토에게 아들의 교육을 맡겼는데, 멘토는 10여 년이나 지속된 전쟁 동안 선생님이자 조언자로서 친구의 아들을 보살폈다. 그 후 사람의 인생을 이끌어주는 지도자라는 뜻으로 멘토라는 말이 쓰이게 됐다. 멘토와 멘티 관계도 결국 모델링을 형성하는 과정이다.

모델링 대상이 되는 사람도 어느 정도 성공한 인생일 것이다. 더불어 롤 모델을 가진 사람도 성공할 가능성이 높다. 로댕은 400여 년 먼저 태어난 미켈란젤로를 예술적 멘토로 삼아 자신의 예술 세계를 성장시켰다. 누군가의 롤 모델이 될 만한 삶을 산다는 것은 억지로 되는 일도 아니고 쉽지도 않다. 그렇기 때문에 더 가치 있다. 롤 모델로 삼을 만한 사람이 한 명이라도 있다면 목표 대상에 가까워지기 위해 노력할 테니, 결국 인생을 바꿀 수 있다. 롤 모델 자체가 좋은 메시지가 되는 것이다. 어떠한 롤 모델도 없는 사람이 가장 안타깝다. 모방은 나쁘다고 하지만 좋은 모방도 있다. 광고에서 어린이 모델이 위인의 몸짓과 옷차림을 따라 한 것은 인권 운동가의 삶을 예행 연습하는 좋은 모방이었다.

마음을 흔들어놓는
상호작용

소통의 중요성을 강조하지만, 대부분의 사람이 소통을 잘 못한다. 소통이 그토록 강조되는 것은 우리가 그만큼 불통의 사회에 살고 있다는 방증이다.

  소통을 그토록 중시하면서 우리 사회는 왜 소통을 잘 못할까? 결국 나(발화자)와 상대방(수용자)의 의미 교환에서 상호성의 원칙이 무시되기 때문이다. 늘 일방적으로 전달하기만 하니 상호작용이 일어날 수 없다. 그래서 양방향 소통 혹은 쌍방향 소통이란 말이 나왔을 것이다.

  아디다스에서 기획한 제18회 독일월드컵 광고 '골키퍼' 편은 뮌헨 공항에서 뮌헨 시내로 들어가는 고속도로에 설치된 대형 옥외 광고다. 축구 골키퍼가 날쌔게 몸을 날려 골을 잡

STICKER MESSAGE
스티커 메시지

아디다스의 독일 월드컵 광고 '골키퍼' 편(2006)

아내는 장면을 생생하게 표현한 이 광고는 온라인 광고가 아닌데도 사람들과 상호작용하는 데 성공했다. 광고 모델을 자세히 보니 축구 골키퍼 올리버 칸(Oliver Kahn)이다. 세계적 명성을 얻은 그는 2008년 프로 축구계에서 은퇴했다.

현역 시절 세계 최고 수문장으로 평가받던 그는 세 번(1999, 2001, 2002)이나 '올해의 최우수 골키퍼'로 선정됐다. 1994년부터 2008년까지 그가 14년 동안 활약한 바이에른 팀은 분데스리가 리그에서 여덟 차례나 우승했고, 1996년 유럽축구연맹컵 대회와 2001년 UEFA 챔피언스 리그에서도 우승했다. 그는 2002 월드컵에서 최우수 골키퍼에게 주는 야신상과 경기 최우수 선수에게 주는 골든볼상도 수상했다.[5]

당시 독일 언론에서는 이 광고가 운전자의 시선을 지나치게 빼앗아 사고를 일으킬 위험이 있다고 보도했다. 신화 속 거인처럼 도로 위로 뻗어 있는 골키퍼의 모습이 너무나 사실적이어서, 고속으로 달리던 운전자들이 광고판을 보느라 잠깐 멈추는 경우가 많아 사고가 날 가능성이 있다는 지적이었다. 대형 옥외 광고는 마치 김소월의 시 〈산유화〉처럼 "저만치 혼자" 설치돼 있지만, 운전자 스스로 반응하며 광고와 상호작용을 시도할 가능성을 짚어낸 것이다.

STICKER MESSAGE
스티커 메시지

독일 졸링겐 지역에 있는 마토사의 하비(Hobby) 면도날 옥외 광고 '잘린 비둘기' 편과 '잘린 바위' 편을 보자. 이 광고판은 도시 한복판에 설치돼 지나가는 사람들을 압도하고도 남는다. 날카로운 면도날이 서 있으니 행인들은 그냥 지나치지 못하고 뒤를 돌아보거나, 잠시 걸음을 멈추고 자세히 살펴보며 말을 건네는 것 같다.

길 한가운데 거대한 면도날 모양을 하고 서 있는 이 광고판은 호기심을 자극해 상호작용을 일으킨다. 면도날 하단에 표기된 마토 졸링겐(Martor Solingen)은 졸링겐 지역의 마토라는 뜻이다. 졸링겐 지역에서 생산한 칼은 품질이 뛰어난 것으로 널리 알려져 있다. 독일 서부 노르트라인베스트팔렌주에 있는 졸링겐은 칼과 가위 같은 날카로운 제품을 생산하는 곳으로 유명해 '칼의 도시'라는 별명까지 얻었다.

'잘린 비둘기' 편 광고물 아래에는 날카로운 마토 면도날에 깔끔하게 반으로 잘린 비둘기들이 어지럽게 흩어져 있다. 뒤돌아보는 사람의 얼굴을 보면 진짜 비둘기인가 의심될 정도지만, 이 또한 광고물이다.[6] 절단된 모형 비둘기가 처참해 보인다. 새들이 반으로 잘릴 정도로 면도날이 날카롭다는 점을 이렇게 표현했다.

마토의 하비 면도날 광고 '잘린 비둘기' 편(2009)

마토의 하비 면도날 광고 '잘린 바위' 편(2009)

'잘린 바위' 편은 마토 면도날이 거대한 바위도 단번에 잘라버릴 정도로 강하다는 점을 강조한다. 바위가 얼마나 무거운지 나타내기 위해 길바닥 표면도 쩍쩍 갈라지게 표현했다. 사람들이 발걸음을 멈추고 광고 메시지와 소통하도록 만든 광고물이다.

두 광고에서 볼 수 있는 스티커 메시지는 상호성이다. 상호성이란 둘 이상의 사람이나 대상이 서로 영향을 주고받는 것이다. 사회적 동물인 우리는 누구나 다른 사람들과 관계를 형성하고 서로 영향을 주고받으며 살아간다. 이처럼 서로 주고받는 상징적 행동을 '사회적 상호작용'이라고 한다.

온라인 미디어의 댓글도 사회적 상호성의 원리를 바탕으로 한다. 말이든 그림이든 사람들의 공감을 얻어야 힘을 갖는다. 소비자의 마음을 움직이게 하는 것이 최고의 광고이듯, 다른 사람의 마음을 흔들어 상호작용이 이루어져야 최고의 말이고 글이라 할 수 있다.

INTERESTING

3. 흥미성

상황을 반전시키는 열쇠

흥미로우면
모두가 주목한다

"듣는 사람들이 한 번도 웃지 않으면 저는 연설이 실패했다고 생각해요. 10분을 말하든 1분을 말하든, 재미나 유머 코드가 있어야 해요." 친한 미국인이 나에게 한 말이다. 말하는 동안 어떻게 해서든 웃음을 이끌어내려고 노력해야 한다는 뜻이다. 전적으로 공감한다. 세계적 저명인사들의 연설 장면에서는 재미있게 말하려고 노력하는 모습이 엿보인다. 그에 비해 우리나라 명사들의 연설은 너무 근엄한 편이다.

광고와 마케팅 현장에서도 '재미있는 소비'가 새로운 소비 코드로 떠오르고 있다. 제품 간 기능의 차별화가 어려워지고 소비 의사결정에 대한 이성적 기준도 약화되자, 소비자들은 소비 활동에서도 재미를 추구하기 시작했다. 이렇게 하여 '재

STICKER MESSAGE
스티커 메시지

미 소비'라는 말까지 등장했다. 재미 소비 경향은 우리 사회 가치관의 변화와도 맞닿아 있다. 기존 세대들은 성공을 최우선 가치로 두었지만, 젊은 세대들은 재미있고 즐겁게 사는 것을 우선으로 여긴다.

듀렉스(Durex) 콘돔의 광고 '007' 편을 보면 일단 재미있다. "007"이라는 헤드라인에서 곧바로 영화 007 시리즈가 연상된다. 콘돔 회사답게 007에서 공(0)이란 두 숫자를 콘돔으로 표현했다. 그리고 바로 밑에 쓴 카피에서 본격적으로 반전이 일어난다. "로저 모어(Roger more)." 007 시리즈의 주연배우 로저 무어(Roger Moore)가 저절로 떠오를 수밖에 없다.

우리에게 친숙한 영국 출신 영화배우 로저 무어는 1973년 007 시리즈 8탄 〈죽느냐 사느냐(Live and Let Die)〉에서부터 1985년 14탄 〈뷰 투 어 킬(A View to a Kill)〉에 이르기까지, 일곱 차례나 제임스 본드 역할을 맡았다. 007 시리즈에 가장 오랫동안 출연한 그는 이 영화를 통해 세계적 명성을 얻었다.

카피는 분명히 '로저 모어'다. 하지만 사람들은 007 영화를 떠올리면서 '로저 무어'로 읽을 가능성이 높다. 재미있게도 영어 로저(roger)는 사람 이름 외에도 여러 의미로 쓰인다. 군대의 명령이나 무선 통신에서는 알았다고 할 때 오케이라는 뜻에서 '로저'라고 말한다. 또한 로저는 사랑을 나누는 '관계하다'라는 동사로도 쓰인다. 따라서 광고에서는 콘돔을 끼고 '더 한다(roger more)'는 뜻으로 쓰였다.

영국 정부는 로저 무어 경에 대한 모독이라며 이 광고를 금지하기도 했다. 광고는 콘돔을 끼면 더 오래할 수 있다는 메시지도 전달하지만, 007 영화 마지막에 임무를 완수한 로저 무어와 미녀의 잠자리 장면을 연상시키도 한다. 논란도 있었지만 이 광고는 2004년 장미광고제(The Roses Advertising Awards)에서 타이포그래피 적용 부문 최고상을 수상했다.

듀렉스 콘돔의 광고 '3' 편을 보고도 웃음이 나오지 않는다면, 아마도 당신은 꽤 무딘 사람일 것 같다. 이집트에서 집행된 이 광고에서는 상식을 뒤엎고 "1+1=3"이라고 주장했다. 파란색 바탕에 흰색 글씨여서 더 두드러진다. 그리고 아래쪽에 조그맣게 카피가 있다. "만약 당신이 듀렉스 콘돔을 쓰지 않는다면(If you don't use durex)." 사랑을 나눌 때 듀렉스 콘돔을 쓰지 않는다면 바로 임신하게 될 테니 1+1은 2가 아닌 3이라는 뜻이다.

광고를 보고 있으면 콘돔의 역할이 자연스럽게 떠오르며 유머가 느껴진다. 광고에서 유머가 느껴진다면 공명이 일어

STICKER MESSAGE
스티커 메시지

듀렉스 콘돔의 광고 '007' 편(2004)

듀렉스 콘돔의 광고 '3' 편(2021)

날 가능성이 높다. 공명이 일어나려면 카피와 비주얼이 만나 재미를 주고 텍스트의 즐거움(pleasure of text)이라는 보상이 잇따라야 한다. 이 광고는 공명을 일으키는 세 가지 요인을 모두 갖췄다. 이처럼 제품의 특성을 단조롭지 않고 재미있게 전달하는 광고를 '펀 광고'라고 한다.

두 광고에서 채굴한 스티커 메시지는 흥미성이다. 흥미성이란 말이나 글이 얼마나 재미있고 유쾌한가 하는 성질이다. 재미있는 것을 싫어하는 사람은 없다. 광고와 마케팅 활동에서도 소비자의 재미를 자극하는 펀 마케팅 기법이 인기를 끌고 있어, 기업이 애써 홍보 활동을 하지 않아도 소셜 미디어에서 펀 마케팅 메시지가 확산되면 효과가 엄청 커진다.

미국의 제16대 대통령 에이브러햄 링컨(Abraham Lincoln)은 깡마르고 볼품없는 외모 때문에 수모를 당한 적이 많았다고 한다. 원숭이를 닮았다는 지적도 자주 받았다.

"당신은 두 얼굴을 가진 이중인격자야!"

선거 유세 때 상대 후보가 외모를 공격하자 링컨은 이렇게 응수했다.

"내가 정말로 두 얼굴을 가졌다면 이 중요한 자리에 왜 하필 못생긴 얼굴을 가지고 나왔겠습니까?"

링컨은 이 유머 덕분에 그곳에 있던 많은 사람을 자기편으로 만들었다.

흥미성은 말이나 글에서 정말 필요한 요소다. 정치인의 연설, 직장인의 프레젠테이션 등이 지루하게 들리는 것은 판에 박힌 말로 가득 차 있기 때문이다. 이때 주제와 관련된 재미있는 일화나 유머 코드를 하나 넣으면 분위기가 달라진다. 유머 감각은 하고자 하는 말의 내용에 가치를 더해준다. 재미있는 콘돔 광고가 저절로 흥미를 끌었듯이, 좀 더 재미있게 말하려고 노력한다면 자연스럽게 환호를 얻을 것이다. 개그맨도 처음부터 웃기는 사람은 아니었다. 노력하면 유머 감각을 얼마든지 키울 수 있다.

STICKER MESSAGE
스티커 메시지

사과는
유쾌하게

"죄송합니다." "머리 숙여 사죄드립니다." "송구한 말씀 올립니다."

우리나라에서 사과문이나 사과 광고에 자주 쓰이는 표현이다. 사과문은 대부분 실수나 잘못한 일에 대해 급히 불을 끄기 위한 형식적인 절차의 성격이 강해 진정성이 느껴지지 않는다. 어차피 거쳐야 할 절차라면 조금 재미있게 표현해보자.

2018년 2월, 영국 내 KFC 레스토랑 870여 곳이 임시 휴업했다. 새로 선정된 배송업체 DHL에서 닭고기를 제때 공급하지 못해 치킨을 튀길 수 없었기 때문이다. 이 소문으로 세계적 패스트푸드 업체인 KFC의 브랜드 평판이 급속히 나빠졌다. 그러자 KFC는 영국의 주요 신문에 사과 광고를 내며 발빠르게 대응했다.

영국 KFC의 광고 '사과문' 편을 보면 치킨 담는 버킷의 앞쪽에 "FCK"라고 적힌 사진이 한눈에 들어온다. KFC 로고 대신 욕설을 연상시키는 'FCK'라는 알파벳을 넣은 것이다. KFC에서 앞의 K를 맨 뒤로 보내고 기존의 로고 형태를 그대로 유지해 KFC임을 알 수 있게 했다. 음식 부스러기가 흩어져 있는 빨간색 배경 때문에 버킷에 쓰인 글자가 더 돋보인다. 치킨 담는 버킷에는 "FCK"라고 쓰여 있지만 '퍽(Fuck)'으로 읽기에 딱 좋다.

이것은 고객들의 불만을 반영하려는 의도다. 영어에서 '퍽'은 욕할 때 자주 쓴다. "엿 먹어라(Fuck you)!"가 대표적이다. 어떤 문제가 생길 때나 불쾌할 때도 자주 사용한다. 남에게 쓰면 욕설이 되지만 혼잣말로 하면 자책의 의미다. "왓 더 퍽(What the Fuck!)"을 혼잣말로 하면 '젠장!' 혹은 '빌어먹을' 정도가 될 것이다.

광고 회사 마더 런던(Mother London)은 이런 점을 고려해, 알파벳 세 글자를 재배열해서 사과하는 심경을 재미있게 표현했다. 보디카피를 보자.

STICKER MESSAGE
스티커 메시지

영국 KFC의 광고 '사과문' 편(2018)

"치킨 없는 치킨 레스토랑. 바람직하지 않죠. 고객 여러분 모두와 매장이 닫혔는데도 멀리서 찾아오신 고객님들께 특히 더 사과의 말씀을 드립니다. 그리고 상황을 개선하려고 부단히 애써온 KFC 직원들과 가맹점 파트너들에게도 무한한 감사를 드립니다. 지옥 같은 일주일 동안 개선하고 노력한 결과, 더 신선한 닭고기가 저희 레스토랑에 매일매일 들어오고 있습니다. 저희와 함께 견뎌주신 여러분, 고맙습니다."

그리고 보디카피 아래쪽에 웹사이트 주소를 적어 매장별 영업 일정도 알게 했다.

소비자에게 사과하는 광고지만 소비자를 웃게 하는 유머 코드를 담았다. 광고에서 비속어를 쓰면 종종 곤란한 경우가 생기는데, 여기에서는 '퍽'이란 비속어를 연상시키면서 매장 휴업에 대해 사과했다. 위기 상황에서 이처럼 능숙하게 대처하기란 어렵다. 위기를 기회로 반전시킨 유쾌한 사과문이자 위기관리의 달인다운 놀라운 솜씨다.

이 광고는 브랜드 이름을 살짝 비틀어 치킨이 없어 엉망진창이 된 일주일을 적나라하게 묘사하고, 비속어 금지라는 금기를 깨면서 자조적인 유머 코드로 대응했다. 당연히 냉동 치킨을 쓰리라 생각했던 KFC가 신선한 닭고기를 매일 공급받

STICKER MESSAGE
스티커 메시지

는다는 사실이 이 광고를 통해 널리 알려지자 소비자들은 환호했다. 브랜드 평판이 추락하는 것을 막으려고 시도한 광고에서 뜻밖의 성과를 거뒀다. 이 광고는 크리에이티브의 새로운 방향을 제시한 점을 인정받아, 2018년 칸 라이언즈 국제광고제에서 인쇄 및 출판 부문 금상을 수상했다.

한편, 타블로이드 신문의 전화 해킹 스캔들 때문에 영국이 발칵 뒤집혀, 언론계의 거물 루퍼트 머독(Rupert Murdoch)이 궁지에 몰린 생쥐 신세가 된 적이 있다. 2011년 7월, 영국 일요신문 〈뉴스오브더월드(NoW)〉는 정재계와 연예계의 유명인은 물론, 일반인 실종자와 폭탄 테러 사망자에 이어 전사한 군인의 유가족 휴대전화까지 해킹했다는 의혹을 받았다. 머독이 소유한 언론 기업 뉴스코퍼레이션의 자회사인 NoW는 영국에서 260만 부를 발행하는 타블로이드 신문이다. 이 일은 21세기 최악의 해킹 스캔들로 알려졌는데, 일간 〈가디언〉은 이 신문에서 해킹한 사람이 3,000명 이상이라고 보도했다.[1] 이 일로 인해 〈더 타임스〉나 〈더 선〉을 소유하며 영국 언론계에서 영향력을 키워가려던 머독의 전략은 상당한 차질을 빚었다. 여론이 나빠지자 머독은 전화 해킹 스캔들에 대해 사과하는 광고를 냈다.[2]

We are sorry.

The News of the World was in the business of holding others to account.
It failed when it came to itself.

We are sorry for the serious wrongdoing that occurred.

We are deeply sorry for the hurt suffered by the individuals affected.

We regret not acting faster to sort things out.

I realise that simply apologising is not enough.

Our business was founded on the idea that a free and open press should be a positive force in society. We need to live up to this.

In the coming days, as we take further concrete steps to resolve these issues and make amends for the damage they have caused, you will hear more from us.

Sincerely,

Rupert Murdoch

Rupert Murdoch

루퍼트 머독의 광고 '죄송합니다' 편(2011)

루퍼트 머독의 이름으로 낸 사과 광고 '죄송합니다' 편은 카피로만 구성돼 있다. 광고 지면 맨 위에 "죄송합니다"라는 헤드라인이 보인다. 그런데 루퍼트 머독이라는 이름과 사인까지 해놓고 헤드라인을 "제가 죄송합니다"가 아니라 "우리가 죄송합니다(We are sorry)"라고 했으니, 영어 문화권의 특성을 고려한다 해도 조금 어색하다. 사과하는 주체를 '나'로 하지 않고 '우리'로 했기 때문에, 진정성을 느끼기도 어렵고 유쾌하지도 않다. KFC의 사과 광고와 달리 유머 코드도 없으니 반전도 기대하기 어렵다.

두 광고에서 채굴한 스티커 메시지는 유쾌함이다. 유쾌함이란 즐겁고 상쾌한 느낌이다. 내과 의사이자 뇌과학 연구자인 앤서니 T. 디베네뎃((Anthony T. DeBenedet)은《유쾌함의 기술》에서 현대인들이 스트레스와 책임감을 갖고 사느라 유쾌함을 잃어버렸다며 한탄했다. 그는 사람들이 행복해지려고 열심히 노력해도 일상생활에서 유쾌함을 회복하지 못하면 어떠한 노력으로도 행복해지기 어렵다고 진단하며, 인간의 노력 여하에 따라 얼마든지 키울 수 있는 '유쾌 지능'이 있다고 주장했다.

상상력, 사교성, 유머, 즉흥성, 경이감이라는 다섯 가지 무기를 잘 활용하면 유쾌 지능을 높일 수 있다. 또한 순간순간 조금 더 유쾌해지려고 노력하면 삶이 저절로 행복해진다.[3]

　사과를 하려면 잘못을 확실히 인정하고 진심을 담아야 한다. 영국 KFC의 사과 광고는 역사상 가장 창의적인 사과 광고의 하나로 평가될 만큼 유쾌하다. 사과 광고의 성공 요인은 말뿐인 형식적인 사과가 아니라 진정성을 부드럽게 전달하는 재미 요소다. 블로그나 소셜미디어를 주요 매체로 활용하지 않고, 전통 매체인 신문에 먼저 광고를 하고 온라인 사이트로 유도한 전략도 맞아떨어졌다. 무게감 있는 신문에 위트 있는 광고를 실어 효과가 훨씬 컸다.

　"사과는 자신감 넘치는 리더십의 표상이다." 사과 전문가인 존 카도(John Kador)의 말이다. 진정한 사과는 자신감이 있을 때 기꺼이 할 수 있다는 뜻이다.[4] 사과하는 마음이 있다고 말하거나 어떤 전제를 달아 조건부로 하는 사과는 안 하느니만 못하다. 한 마디 사과가 백 마디 설득을 이긴다고 했다. 사과하려거든 유쾌하게 해야 한다. 사과하는 순간에는 세상에서 가장 죄송한 표정을 짓고 돌아서면 언제 그랬냐는 듯 태도가 달라지는 사람이 있다. 사과하려거든 좀 더 쿨하고 재미있게 하면 좋겠다. 사과한다고 잘못이 사라지는 것도 아니고 사

STICKER MESSAGE
스티커 메시지

과를 안 한다고 해서 잘못이 가중되는 것도 아니다. 그러니 기왕에 할 거라면 기억에 남을 유쾌한 사과를 하는 것이 더 좋지 않을까?

타이밍에 맞는 침묵은 금이다

말하지 않고 상대를 넌지시 바라볼 때 더 많은 메시지를 전하는 경우가 있다. 말하지 않는다고 해서 의사소통을 하지 않는 것은 아니다. 침묵이란 말 한마디 하지 않고 넌지시 이야기를 나누는 무언의 소통일 수 있다.

"말을 제대로 하지 못한 것을 유감으로 생각한다면, 침묵을 지키지 못한 것에는 백 번이라도 후회해야 한다." 러시아의 대문호 레프 톨스토이도 이처럼 침묵의 중요성을 강조했다. 사진이나 그림에는 말로 설명하지 않아도 강렬한 메시지가 담겨 있다. 모두가 팩트를 찾으며 설왕설래할 때 사진 한 장은 결정적인 사실을 뒷받침하기에 충분하다. 사진 한 장이 사회적 쟁점을 이끌어내며 여론의 향방을 결정하기도 한다.

STICKER MESSAGE
스티커 메시지

브라질 상파울루에서 집행된 페덱스의 광고 '아기' 편은 세트장에서 찍은 사진 한 장으로 메시지를 전달한다. 페덱스는 국제 특송 서비스 회사다. 광고는 남녀가 막 사랑을 나누려는 그 순간을 포착했다. 침대에서 남자가 여자의 속옷을 벗기려 하자 여자도 팔을 들어 옷이 잘 벗겨지도록 도와준다. 각각 서로를 바라보는 시선이 그 증거다. 그런데 방문 앞에 아기가 담겨 있는 바구니가 놓여 있다. 시간이 빛의 속도로 흘러 280일이 지나갔고, 벌써 아기가 태어났다는 재미있는 설정이다.

아기라는 선물이 그처럼 빨리 배송됐다니 엄청난 비약과 과장이다. (인형이겠지만) 선물 바구니에 담겨 있는 아기가 정말 귀엽게 느껴진다. 페덱스의 배송 속도가 빠르다는 사실을 알리기 위해 과장을 섞어 표현한 이 광고에는 카피가 한 줄도 없지만, 사진 한 장으로 페덱스의 쾌속 배송을 완벽하게 설명했다. 만약 카피로 구구절절 설명했다면 광고를 보는 재미가 훨씬 줄어들었을 것이다. 길게 설명하지 않고 침묵할 때 오히려 더 많은 의미를 전하기도 한다.

칠레 산티아고에서 집행된 뉴트리밸런스(Nutri Balance)의 광고 '나쁜 개' 편은 포토 에세이라 할 만하다. 속옷 차림의

페덱스의 광고 '아기' 편(2013)

아내가 침대에 기댄 채 손으로 얼굴을 가리고 있다. 퇴근길인지 출장에서 돌아오는 길인지, 남편은 제복 차림이다. 반려견이 눈치 없이 커튼 자락을 물어 당기자 커튼 아래로 사람의 발이 살짝 드러난다. 남편은 가방을 손에 든 채 그쪽을 쳐다본다. 바람을 피우던 도중 갑자기 초인종 소리에 놀란 상대방이 허겁지겁 커튼 뒤로 숨은 것이리라. 좋은 사료를 줬더라면 반려견이 커튼 자락을 물어 당기지 않았을 텐데, 강아지 때문에 딱 걸려버린 셈이다. 비주얼만 봐도 광고 내용이 한눈에 파악된다.

왼쪽 하단에 "나쁜 사료, 나쁜 개(BAD FOOD, BAD DOG)"라는 짧은 카피가 있다. 하지만 뉴트리밸런스의 로고와 유사한 둥근 원에 카피를 넣어 카피가 아니라 비주얼처럼 느껴진다. 헤드라인 옆에는 사료가 수북이 쌓인 개밥 그릇이 있다. 개에게 나쁜 사료를 주면 반려견도 나쁜 행동을 하고, 결국 주인에게 등을 돌린다는 메시지를 재미있게 전달했다. 창의성을 인정받은 이 광고는 2009년 클리오 광고제에서 인쇄광고 부문 상을 받았다. 반려견도 삐치면 때로는 난처한 일을 벌여 골탕을 주니 영양가 있고 맛있는 뉴트리밸런스를 먹이라는 내용이다. 사진 한 장으로 할 말 다 한 유머러스한 광고다.

뉴트리밸런스의 광고 '나쁜 개' 편(2009)

두 광고에서 채굴한 스티커 메시지는 침묵함이다. 침묵에도 즐거운 침묵이 있다. 인도의 성자 스와미 라마(Swami Rama)는 이렇게 말했다. "오늘은 아무 말도 하지 않고, 그저 조용히 깨어 있을 뿐입니다. 더없이 즐겁습니다."[5] 광고는 카피(말) 없이 사진 한 장으로 재미있는 이야기를 속삭인다. 광고를 보는 순간 빙그레 웃음이 나올 수밖에 없다.

국제사진공모전(International Photography Awards, IPA)에는 사진 한 장에 숱한 이야기를 담은 걸작들이 출품된다. 해마다 120여 개 나라 1만 3,000여 명의 작가가 렌즈에 담은 작품들을 출품하는 것으로 유명하다. 사진작가 전민조의 사진집 제목은 재미있게도 《사진이 다 말해 주었다》이다. 수록된 흑백 사진들은 1960년대부터 지금까지 한국 사회가 변모해온 궤적을 고스란히 보여준다.[6]

살면서 입을 다물어야 할 때가 있다. 불필요한 말을 지껄이기보다 오히려 침묵이 나은 경우다. 그런데 선택적 침묵은 바람직하지 않다. 유리할 때는 떠벌리고 불리할 때는 입을 다무는 경우가 가장 나쁘다. 말을 하고 안 하고는 자유지만, 대부분의 묵비권은 자기 방어가 아닌 회피를 위해 사용될 때가 많다.

말해야 할 때 하고 말하지 말아야 할 때 입을 닫는 타이밍을 아는 것이 중요하다. 바로 그 타이밍을 아는 것이 삶의 지혜다. 미국의 소설가 마크 헬프린(Mark Helprin)은 이렇게 말했다. "타이밍에 맞는 침묵은 가장 위엄 있는 표현이다." 특히 리더는 저절로 위엄이 우러나려면 침묵하는 법부터 배워야 한다. 가끔씩 침묵하면 자신도 즐겁지만 주변 사람에게도 즐거움을 준다. 어리석은 리더는 직원들 위에 군림하려고 시시콜콜 간섭하고 때로 거친 말을 퍼붓기도 하지만 결국 위엄만 잃을 뿐이다. 타이밍에 맞게 침묵하면 저절로 위엄이 우러난다. 말없이 상대방을 한번 바라보라. 물론 말없이 눈을 맞추는 것도 좋다.

STICKER MESSAGE
스티커 메시지

체험 기회를
늘려야 한다

현장에 답이 있다는 말은 누구나 안다. 현장 체험을 많이 해야 지혜가 쌓인다는 뜻이다. 현장 체험은 오류를 수정하는 과정이기도 하다. 어떤 분야든 처음에는 낯설지만 경험하면서 엇나간 궤도를 차츰 수정하게 된다. 말과 글도 마찬가지다. 여러 사람 앞에서 말할 기회를 더 늘리고 글을 쓰는 횟수를 늘리면 실력이 향상된다.

미국의 연설 트레이너 벤 데커(Ben Decker)는 경영자들이 연설할 때 자주 저지르는 다섯 가지 실수를 지적한 바 있다. 첫째, 직원들이 경영 비전을 알고 있다고 예단해 자신의 비전을 반복하지 않는다. 둘째, 상투적인 표현에 익숙해 새로운 언어를 창조하지 않는다. 셋째, 유연하게 연설하지 못하고 너무 경직된 상태에서 말한다. 넷째, 정보와 숫자 위주로 전달하느라 이야기하듯 말하지 않는다. 다섯째, 참모가 써준 연설문을 책 읽듯이 읽느라 공감을 유발하지 못한다.[7] 실수를 줄이려면 체험 기회를 늘려 엇나간 궤도를 수정하는 방법밖에 없다.

누텔라(Nutella)의 광고 '핥지 마세요' 편을 보자. 지면 전체를 초콜릿 잼으로 써내려간 카피가 한눈에 들어온다. 누텔라는 이탈리아의 페레로(Ferrero)사에서 생산하는 헤이즐넛 스프레드(spread)다. 헤이즐넛은 개암나무 열매이고 스프레드는 식재료에 얇게 펼쳐 바르는 것이니, 헤이즐넛 스프레드는 발라먹는 초콜릿 잼인 셈이다. 금박으로 포장된 페레로 초콜릿에 들어 있는 것이 누텔라다. 제2차 세계 대전 이후 카카오 수입이 줄어들자 페레로사는 헤이즐넛을 섞어 팔기 시작했고, 1949년부터 스프레드 형태로 판매했다. 처음에는 수페르크레마 잔두야로 불리다가 1964년에 헤이즐넛의 넛(Nut)과 여자 이름 엘라(Ella)를 합친, 누텔라라는 브랜드가 탄생했다.

광고에서는 "이 페이지를 핥지 마세요(PLEASE DO NOT LICK THE PAGE)"라는 헤드라인 아래에 누텔라 병과 붓을 배치했다. 병뚜껑을 열자마자 곧바로 카피를 써내려간 듯하다. 하지 말

STICKER MESSAGE
스티커 메시지

누텔라의 광고 '핥지 마세요' 편(2012)

라면 더 하고 싶듯이 핥지 말라고 하니 더 궁금해진다. 프랑스 소설가 베르나르 베르베르(Bernard Werber)는 소설 《웃음》에서 여주인공 뤼크레스가 누텔라를 손가락으로 찍어 먹으면서 다이어트를 걱정하는 심리를 묘사했다.

광고는 핥아보고 싶은 유혹을 흥미롭게 표현했다. 초콜릿 잼으로 써내려간 헤드라인은 브랜드의 혜택을 체험해보고 싶은 욕구를 자극한다. 혹시라도 정말 맛있나 싶어 광고면을 핥아본 소비자가 있다면 결코 누텔라 초콜릿 잼을 잊지 못할 것이다.

블리스(Bliss)의 광고 '포옹' 편을 보자. 보디워시 브랜드로 유명한 블리스는 피부 전문가 마샤 킬고어(Marcia Kilgore)가 1996년 미국 뉴욕의 소호 지역에 매장을 열면서 시작됐다. 블리스 매장을 열고 블리스 스파를 시작하자마자 할리우드 스타들 사이에서 '잇(it)' 브랜드로 주목받으며 급성장을 거듭해 글로벌 브랜드가 됐다. 킬고어는 글로벌 뷰티 업계에서 상징적인 인물로 자리 잡았다. 이후 1999년에 블리스의 지분 70%를 프랑스의 루이비통모에헤네시(LVMH)에 넘기고 영국에서 화장품 회사 '소프앤드글로리(Soap & Glory)'를 창업해 또다시 히트 브랜드로 키워냈다.[8] 블리스는 현재 우리나라의

STICKER MESSAGE
스티커 메시지

블리스의 광고 '포옹' 편(2012)

서울을 비롯한 세계 여러 나라 주요 도시에 진출해 있다.

유럽 동부 내륙 몰도바 공화국에서 집행된 이 광고에서는 한 여성이 웃으며 샤워하는 장면이 지면을 가득 채운다. 자세히 보면 비누 거품으로 만들어진 남자의 두 손이 여성의 등을 꼭 껴안고 있다. 사랑하는 남자가 부드러운 손길로 포옹해준다고 생각하며 샤워를 즐기는 여성의 행복한 모습을 표현했다. 연인이 꼭 안아주던 순간을 상상하며 샤워하면 얼마나 행복할까. 그리고 사진 아래에 작은 글씨로 카피가 놓여 있다. "당신 몸의 진정한 케어(Really cares of your body)." 광고가 나가자 샤워할 때 따라 해봐야겠다고 말한 사람이 많았다고 한다. 구체적인 체험을 유도하는 광고다.

두 광고에서 채굴한 스티커 메시지는 체험성이다. 어떤 일을 실제로 보고 듣고 겪는 체험은 이론보다 실제에 가깝다. 지금은 체험 마케팅의 시대이기도 하다. 땀을 뻘뻘 흘리며 바캉스를 가느니 시원한 호텔에서 호텔의 편리함과 바캉스의 즐거움을 동시에 체험하는 호캉스는 체험 마케팅의 대표적인 사례다. 누텔라 광고에서나 블리스 광고에서는 상품의 혜택을 직접 자랑하지 않고 실제로 경험해보라는 체험성의 가치를 넌지시 권유한다.

STICKER MESSAGE
스티커 메시지

다른 사람 앞에서 말할 때 긴장하지 않는 사람은 아마도 없을 것이다. 그러나 기회가 주어지면 피하지 말고 적극적으로 체험해야 마음의 여유도 생기고 말하는 실력도 향상된다.

사람들로 북적이는 현장을 많이 체험할수록 하고 싶은 이야기가 늘어난다. 그러면 정보와 숫자 위주로 전달하던 이야기 패턴도 바뀌고 상투적인 표현만 반복하거나 경직된 상태에서 연설하던 습관도 달라질 것이다. 현장을 찾는 발길이 잦을수록 '말길'도 트이고 '글의 길'도 열린다.

STICKER MESSAGE

CONCRETENESS

4. 구체성

공허하게 말하지 않고 제대로 보여주는 법

구체성이 없으면
공허해진다

한 시간 동안 마주 앉아 대화를 나눴는데 상대방이 도대체 무슨 말을 하는지 모호할 때가 있다. 장밋빛 미래만 그리는 상사의 말도 마찬가지다. 그러나 모호한 말을 자주 하는 사람으로는 정치인이 으뜸이다. 언제든 말을 바꿀 수 있도록 가능성을 열어둬야 하기 때문이다. 하지만 모호한 말이나 추상적인 글은 공감은 물론 신뢰를 얻기 힘들다. 추상성보다 구체성이 중요한 이유다.

올드타이머(Oldtimer) 레스토랑의 옥외 광고 '터널' 편은 메시지를 한눈에 파악할 수 있을 정도로 이미지가 직관적이고 내용이 구체적이다. 올드타이머는 오스트리아의 고속도로 휴게소에 있는 레스토랑 체인점이다. 터널을 통과하려는 사람

STICKER MESSAGE
스티커 메시지

올드타이머 레스토랑의 광고 '터널' 편(2013)

은 결코 피해 갈 수 없도록 터널 입구에 광고판이 설치돼 있다. 운전자들은 터널 입구에서 광고 속을 통과하거나 여성의 입 속으로 들어간다고 생각하지 않을까?

"먹을 수 있는 모든 것. 휴게소. 올드타이머(All you can eat. Rest stop. Oldtimer)." 여성의 이마에 붙어 있는 카피를 보고 나면 터널을 빠져나가는 순간 잠시라도 휴게소에 들르고 싶은 마음이 생길 것 같다. 시장기를 느끼는 운전자는 광고 메시지를 결코 놓치지 않을 듯하다. 차량들이 여성의 입 속으로 사라지는 광고 이미지는 매우 또렷하고 구체적이어서, 한 번만 봐도 사람들의 머릿속에 오래 남을 수밖에 없다.

사람들이 레스토랑에 잠시 들르게 유도하는 것이 이 광고의 목표다. 광고 목표를 어렵게 설명하지 않고, 구체적인 사례를 제시하며 이야기를 풀어 나가는 이솝우화처럼 누구나 이해하기 쉽게 표현했다.

뷔르템베르크금속회사(Württembergische Metallwarenfabrik, WMF)의 인쇄 광고 '당근' 편에서는 예리한 칼날을 강조한다. 칼로 당근을 썰었더니 도마까지 잘려 나갔다. 놀라운 반전이다. WMF는 산업혁명이 한창이던 1853년에 설립된 독일의 프리미엄 주방용품 제조업체다. 이 회사는 1927년에 녹슬지

STICKER MESSAGE
스티커 메시지

WMF의 광고 '당근' 편(2005)

않는 강철인 크로마간을 개발해서 유명해졌는데, WMF는 이 회사에서 생산하는 제품을 통칭하는 브랜드 이름이다.[1]

"생각보다 날카롭습니다. 다마스틸 칼날이 있는 WMF 그랑 구르메 칼(Sharper than you think, The WMF Grand Gourmet knife with Damasteel blade)." 카피에서는 칼날의 날카로움을 강조했다. 보통 칼날은 절단면에 닿는 칼날 각도가 20도이지만 다마스틸 칼날은 15도라서 더 날카로운 절삭력을 자랑한다. 광고는 얇게 썬 당근과 나무 도마를 함께 배열해 날카로운 칼의 인상을 더 강력하게 보여준다.

부엌에서 물건을 자르면 절단면이 깔끔하게 잘리지 않고 너덜너덜해지는 경우도 있다. 광고는 이런 사실을 은근히 환기시키면서 나무 도마까지 깔끔하게 잘린다고 강조한다. 깨끗한 절단면이 주방용 칼의 예리함을 보여주기에 충분할 정로로 영리한 설정이다. 이 칼을 쓰면 무엇이든 쉽게 자를 수 있음을 보증하는 시각 이미지로 표현한다. 심지어 도마까지 자를 수 있다는 과장법을 사용해 시각 효과를 매우 구체적으로 부각시킨다.

두 광고에서 채굴한 스티커 메시지는 구체성이다. 구체성이란 어떤 것이 뚜렷한 실체를 갖추고 있거나 실제로 어떤 내

**STICKER MESSAGE
스티커 메시지**

용을 가지고 있는 성질이다. 눈에 보이는 것, 손으로 만져지는 것, 귀에 들리는 것을 비롯해, 결국 인간의 감각으로 알 수 있는 모든 것이 구체성이라고 할 수 있다. 일상적인 의사소통에서도 어떤 메시지를 더 확실하고 뚜렷하게 전달하는 저력은 구체성에서 나온다.

"국민의, 국민에 의한, 국민을 위한 정부." 미국의 제16대 대통령 에이브러햄 링컨의 게티즈버그 연설 마지막 부분이다. 남북 전쟁 당시 게티즈버그 전투에서 전사한 사람들을 추모하는 연설이었다. 당대 최고 웅변가이자 하버드 대학교 총장이었던 에드워드 에버렛(Edward Everett)은 두 시간에 걸친 이 행사에서 링컨보다 먼저 연단에 올라 한 시간 동안이나 연설을 했다. 그러나 사람들은 3분짜리 링컨의 연설만 기억했다. 링컨의 연설이 지금까지도 자주 인용되는 이유는 짧지만 생생한 구체성을 갖추었기 때문이다.

구체성이 담긴 말이나 글에서는 진정성이 느껴진다. 언제 밥 한번 먹자는 말 대신, 이번 주 수요일 저녁 6시에 밥 한번 먹자고 말하자. 기업 경영자가 직원들에게 연설할 때도 일하기 좋은 기업 문화를 만들겠노라 말하지 말고 사무실 의자를 더 편한 것으로 바꿔주겠다고 구체적으로 말하라. 정치인들도 세계적 선도국가를 만들겠다며 큰소리치지 말고 차라리 국가 청렴도 지수(부패 인식 지수의 반대 개념)를 세계 몇 위 수준으로 높이겠다는 구체적인 청사진을 제시하라. 대학 총장들도 고속도로 주변에 늘어선 야립 광고의 카피부터 바꿔야 한다. 하나같이 글로벌 리더를 양성하는 대학이라니? 사회 구석구석에서 기업 경영에 이르기까지 모호한 추상성을 걷어내자. 구체성이 신뢰를 키운다.

STICKER MESSAGE
스티커 메시지

생동감은
제어를 통해 나온다

영향력, 권력이란 무엇일까? 사람들은 자신의 메시지가 상대를 움직일 영향력을 발휘하길 바란다. 강력한 영향력은 권력이 된다. 어떤 이는 권력이 모래성 같다고 한다. 세월이 지나면 무너져 손가락 사이로 빠져나간다는 뜻이다. 그래도 사람들은 자신의 메시지가 영향력을 발휘해 권력을 얻길 원한다. 이를 위해 곳곳에서 치열하게 경쟁한다. 인플루언서들은 콘텐츠를, 경영자들은 청사진을, 정치인들은 대중에게 어필할 강력한 이야기를 던진다. 어떻게 하면 메시지가 힘을 얻을 수 있을까? 메시지는 적당한 힘이 있어야 한다. 너무 약하면 사람들이 무시하고 너무 강압적이면 반발하고 따르지 않는다. 적절한 제어가 필요하다. 광고에서 그 답을 찾아보자.

타이어 생산업체 피렐리(Pirelli)의 타이어 광고 '하이힐' 편을 보면 근육질의 육상 선수가 출발을 준비하고 있다. 그런데 하이힐을 신고 있는 선수를 자세히 보니 육상 영웅 칼 루이스(Carl Lewis)다. 그는 1984년부터 1996년까지 네 번의 올림픽에서 금메달 아홉 개와 은메달 한 개를 목에 걸었다. 세상에서 가장 빠른 사나이라는 그가 하이힐을 신고 달리다니 당혹스럽다. 애니 레보비츠(Annie Leibovitz)가 텍사스에서 촬영한 이 사진은 현대 광고사의 명장면으로 오래오래 기억될 만하다.[2] 제어되는 힘(Controlled Power)이야말로 진정한 힘이라는 사실을 생동감 넘치게 표현했다.

"제어하지 못하는 힘은 아무것도 아니다(POWER IS NOTHING WITHOUT CONTROL)." 헤드라인과 관련지어 '제어하지 못하는 권력은 아무것도 아니다'와 같이 번역해도 별 무리가 없을 것이다. 광고 회사 영앤루비컴(Young & Rubicam)에서 제안한 이 카피는 다른 광고에서도 계속 사용해 피렐리 브랜드가 발전하는 데 크게 기여했다.

타이어 성능이 아무리 좋아도 제동력이 떨어지면 대형 사고를 일으킨다. 자동차가 달릴 때 노면과 유일하게 맞닿는 부분이 타이어다. 따라서 동력 전달, 코너링, 제동력, 주행 안정

STICKER MESSAGE
스티커 메시지

피렐리 타이어의 광고 '하이힐' 편(1994)

성에 직접 영향을 준다. 피렐리는 1996년까지 칼 루이스의 이미지를 광고에 활용했다. 힘(칼 루이스)과 제어(하이힐)라는 모순되는 두 요소로 타이어의 제동력을 강조한 메시지가 다양한 해석 가능성을 열어 많은 사람의 관심을 끌었다.

이 카피는 이후 '주먹' 편에도 그대로 활용됐다. 이탈리아에서 집행된 이 광고는 폭우가 쏟아지는 가운데 네 개의 타이어가 도로를 질주한다. 마치 눈앞에서 타이어가 굴러가는 듯 생동감 넘친다. 타이어휠 네 개가 굴러가나 싶은데, 자세히 보면 엄청나게 큰 핵주먹이다. 굴러가는 타이어 위쪽에 똑같은 헤드라인을 배치했다. "제어하지 못하는 힘은 아무것도 아니다." 그리고 타이어 아래쪽에 현지 사정에 맞게 이탈리아어로 보디카피를 썼다. "운전할 때 성능, 스타일, 안전성과 타협하고 싶지 않다. 젖은 상태에도 불구하고. 그렇다면 피렐리는 당신의 자동차에 가장 적합한 장비다. 완벽한 제어를 원한다면 항상 리더에게 맡겨라." 눈보라가 몰아치는 후속 광고에서는 보디카피를 "최악의 날씨에도 불구하고"로 바꿨다.

좋은 타이어는 좋은 주행의 전제 조건이므로, 최상의 주행은 타이어의 성능에 달려 있다. 광고는 피렐리 타이어의 제동력이 좋다는 메시지를 강조한다. 1872년 이탈리아 밀라노

STICKER MESSAGE
스티커 메시지

피렐리 타이어의 광고 '주먹' 편(2007)

에서 창립된 피렐리는 현재 세계 160여 개 나라에 진출해 있으며 포뮬러 원을 비롯한 자동차 경주대회를 후원하고 있다. 그러나 2015년 중국 국영 회사 차이나 내셔널 케미컬(China National Chemical)에 경영권이 넘어갔다.

피렐리 타이어 광고는 강력한 제어 기능을 생동감 있게 표현했다. 하이힐, 폭우, 눈보라를 이용해 노면 상태에 상관없이 모든 여건을 제어할 수 있다는 것이 핵심 내용이다. 피렐리 광고는 대부분 이런 식으로 시각적 아이디어를 강조하고 가급적 짧은 카피로 소비자를 설득했다.

피렐리 광고에서 채굴한 스티커 메시지는 생동감이다. 생동감이 있으면 살아 움직이는 듯한 느낌을 주어 박진감이 넘친다. 피렐리 광고는 진정한 힘은 제어할 수 있는 자제력에서 나온다는 지혜를 표현했다.

메시지는 이따금 강력한 권력이 된다. 인플루언서, 경영자, 정치인 등이 자신의 메시지를 어떻게 전달하는가는 영향력을 어떻게 발휘할 것인가와 관련이 깊다. 선한 방향으로 메시지를 균형 있게 전달하면 세상을 조금 더 살 만한 곳으로 만들겠지만, 그저 메시지를 분별없이 휘두르기만 한다면 사회가 더 살기 힘든 곳이 될 것이다. 그래서 메시지 발화자들의 권력 제어 문제는 우리 시대의 핵심 과제 중 하나다. 폭주하는 기관차는 결국 탈선하게 마련이다. 균형 있게 메시지를 조절하는 이들이 그립다. 자신의 힘을 적절히 제어하면서 생동감 있는 메시지를 던지는 사람들이야말로 선한 영향력을 발휘할 것이다.

적절한 사례로 공감을 얻자

역사에는 가정이 없다지만, 가정법을 쓰면 역사의 이면이 훨씬 더 흥미진진해진다. 가장 자주 인용되는 역사의 가정법은 만약 아돌프 히틀러(Adolf Hitler)가 미술대학 입시에서 낙방하지 않았다면 제2차 세계 대전도 일어나지 않았을 테고 세계사도 달라졌으리라는 상상이다. 화가를 꿈꾸던 그는 오스트리아의 빈 국립미술아카데미 입시에서 두 번이나 낙방했다.

만약 제2차 세계 대전이 일어나지 않았다면 우리는 일제 강점기에서 해방될 수 있었을까? 히틀러가 미술대학에 입학했더라면 오스트리아의 표현주의 화가 에곤 실레(Egon Schiele)의 1년 후배쯤 됐으리라. 실레는 〈키스〉나 〈황금의 여인〉으로 유명한 화가 구스타프 클림트(Gustav Klimt)와 친구였으니, 어쩌면 히틀러는 실레나 클림트와 어울리며 에로틱한 그림을 그린 표현주의 화가가 됐을지도 모른다.

영국 제약 회사 레킷벤키저(Reckitt Benckiser)의 인도 뭄바이 지사에서 만든 듀렉스 콘돔의 광고 '독재자들' 편은 역사의 가정법을 활용해 공감을 유도했다. 광고에는 독재자 다섯 명이 등장한다. 캄보디아의 폴 포트(Pol Pot), 우간다의 이디 아민(Idi Amin), 독일의 아돌프 히틀러, 자이르(현재 콩고 민주 공화국)의 모부투 세세 세코(Mobutu Sese Seko), 리비아의 무아마르 카다피(Muammar Gaddafi)가 그들이다.

광고에는 헤드라인도 보디카피도 없이 다섯 독재자의 증명사진 이미지가 있다. 거기에 듀렉스 로고 밑에 짧은 한마디가 붙어 있을 뿐이다. "1960년부터 출시, 안타깝게도(Since 1960, unfortunately)." 듀렉스 콘돔은 1960년부터 생산됐다. 만약 1889년생인 히틀러가 태어나기 전에 생산됐더라면 히틀러를 비롯한 다른 독재자들도 태어나지 않았을 거라는 재미있는 발상이다. 듀렉스 콘돔이 독재자들이 태어난 시기보다 훨씬 늦은 1960년부터 출시됐기에 안타깝게도 인류의 역사가 후퇴했다는 뜻이다. 공감할 만한 주장 아닌가?

독재자 다섯 명의 이력을 간략히 살펴보자.

Since 1960, unfortunately

듀렉스 콘돔의 광고 '독재자들' 편(2018)

폴 포트(1925~1998)는 캄보디아의 노동운동가이자 정치인이며 공산주의 혁명가다. 1975년에 론 놀(Lón Nol) 정부를 전복시킨 그는 캄보디아의 급진적인 좌익 무장단체 크메르 루주의 수반으로서, 유토피아를 건설한다는 명분을 내세워 1975년부터 1979년까지 약 170만 명의 양민을 학살했다. 그는 73세에 고국에서 비교적 평온하게 생을 마감했지만, 생존해 있는 크메르루주 지도자들은 아직도 재판을 받고 있다.

이디 아민(1925~2003)은 우간다의 군인 출신 정치인으로 1971년 군사 쿠데타를 통해 대통령에 취임했다. 1971년부터 1979년까지 우간다를 철권 통치하면서 반대파를 대량 학살해 악명이 높았다. 인권단체는 그가 집권한 8년 동안 30~50만 명이 희생됐다고 추정한다. 반대파의 배신으로 고국에서 추방당한 그는 리비아를 거쳐 사우디아라비아로 망명한 뒤 2003년 8월 암으로 사망했다.

아돌프 히틀러(1889~1945)는 국가사회주의독일노동자당의 지도자이자 나치 독일의 총통이었다. 그는 제1차 세계 대전 패전국으로 베르사유 체제 이후 피폐해진 독일의 경제성장을 이끌기도 했으나, 1933년 나치당 당수로서 독일 총리직에 오른 뒤 제2차 세계 대전을 일으켜 유대인 학살을 자행했다. 히틀러의 광기는 극에 달해 수백만 명의 유대인을 처참하게 학살하는 인류 최대 비극을 낳았다.

모부투 세세 세코(1930~1997)는 콩고 민주 공화국의 군인 출신 정치가이자 대통령이었다. 1965년에 쿠데타로 권력을 잡은 그는 1997년까지 32년 동안 독재정치를 펼치면서 국고를 유용해 수십억 달러의 개인 재산을 모았다. 국가권력을 이용한 그의 국민침탈 행위에 빗대어 '도둑정치'라는 신조어도 만들어졌다. 1997년 5월, 반군의 무장봉기 이후 모로코로 망명했으나 같은 해 9월 암으로 사망했다.

무아마르 카다피(1942~2011)는 1969년 무혈 쿠데타로 친서방 성향의 왕정을 무너뜨리고 리비아의 최고 권력자가 됐다. 1977년에 사회주의, 이슬람주의, 범아랍주의를 융합한 '자마히리야(인민권력)' 체제를 선포했다. 또한 인민의 직접 민주주의를 구현하겠다며 헌법을 폐기하고 42년간 전제 권력을 휘둘렀다. 중동·북아프리카의 민주화 시위 영향으로 2011년 시민군의 손에 의해 고향에서 비참한 최후를 맞았다.

광고주는 인쇄 광고와 유튜브의 동영상 광고를 동시에 내보냈다. '독재자' 편은 가정법으로 희대의 독재자들을 소환해 콘돔의 중요성을 강조했다. 이 광고에서 채굴한 스티커 메시지는 공감성이다. 공감성이란 다른 사람의 상태, 상황, 의견, 주장에 자신도 동의한다고 느끼는 성향이다. 이 광고를 보면 무고한 사람들을 대량 학살한 독재자의 말로가 떠오르며 광고 메시지에 공감하게 된다. 독재자의 아버지가 그때 콘돔을 사용했더라면 그들은 태어나지 않았을 테고, 그렇다면 인류사의 비극도 없었으리라.

구체적인 사례를 제시해 설득하려는 광고에 사람들은 공감한다. 말을 하거나 글을 쓸 때도 구체적이고 적절한 사례를 제시해 공감을 얻는 것이 중요하다.

기업, 학교, 병원, 공공기관은 물론 각종 일터에서, '갑분싸(갑자기 분위기를 싸늘하게 만든다는 뜻의 신조어)'하게 만드는 상사가 많다. 상대방의 마음을 얻으려면 구체적인 대화가 오가야 한다.

진정성은 늘
마음을 훔친다

경쟁 사회에서 마음이 진심으로 통할 수 있을까? 거짓말하지 않고 약점을 숨기지 않을 때 오히려 진정성이 느껴지는 경우가 많다. 경쟁 구도에서는 약점을 공개하기가 쉽지 않지만, 오히려 진정성이 느껴져 사람의 마음을 얻을 수도 있고, 생각하지 못했던 반전이 일어나기도 한다.

2011년 11월 25일, 〈뉴욕타임스〉에 실린 파타고니아(Patagonia)의 전면 광고 '사지 마세요' 편은 쇼핑하지 말라고 해서 더 주목을 끌었다. 파타고니아는 미국 최대 세일 기간으로 알려진 블랙 프라이데이에 이 광고를 내보냈다. 파타고니아는 미국의 등반가이자 환경운동가인 이본 쉬나드(Yvon Chouinard)가 1973년에 설립한 아웃도어 브랜드다. 광고를 보

STICKER MESSAGE
스티커 메시지

파타고니아의 광고 '사지 마세요' 편(2011)

면 재킷 사진 위에 "이 재킷을 사지 마세요(DON'T BUY THIS JACKET)"라는 헤드라인을 썼다. 그리고 다음과 같은 보디카피가 이어진다.

"파타고니아는 사업을 오랫동안 계속하고 우리 아이들이 살 수 있는 세상을 남겨주기 위해 다른 사업들에 거슬리는 일을 하려고 합니다. 이 재킷이나 다른 것을 사기 전에 조금 덜 구매하는 문제를 생각해보세요."

파타고니아는 환경 지킴이라는 기업의 철학을 강조하기 위해 자사의 재킷을 여러 벌 사지 말고 한 벌만 사서 오래 입으라는 진정성 있는 메시지를 담았다. 세일 기간에 옷을 사지 말라니, 보통의 패션 광고와 전혀 다른 접근 방법이다.

파타고니아는 고객들에게 이메일도 보내 신상품 구매를 줄이고(Reduce), 수선하고(Repair), 다시 입고(Resuse), 재활용하기(Recycle)를 권고했다. 일부 소비자들은 재킷을 사지 말라는 메시지가 위선이라며 부정적으로 반응하기도 했지만, 결국 기업의 진정성을 인정했다. 이 광고가 나간 다음부터 2년 동안 파타고니아의 매출은 40% 이상 급성장했다. 광고 메시지는 다른 기업에도 영향을 미쳐 유기농 순면을 사용하는 브랜드가 다수 등장했다. 진정성 마케팅은 기업 경영은 물론 사회

STICKER MESSAGE
스티커 메시지

전반에도 선한 영향을 미친다.

미국 CVS 파머시(CVS Pharmacy)의 광고 '실제의 아름다움' 편에서는 일반인의 얼굴을 '포토샵' 처리하지 않고 '쌩얼' 그대로 보여주었다. 대부분 미용 광고는 예쁜 여성들만 등장시켜 소비자에게 열등감을 느끼게 하는 경우가 많은데, 이 광고는 이런 행태에 문제를 제기한다. CVS 파머시는 사람의 외모, 크기, 비율, 피부, 눈 색깔, 주름, 개인별 특성을 더 좋게 바꾸는 것을 '고친(altered)'이라고 정의하고 관계사들과 협력해 '물리적으로 고친'을 정의하는 최종 지침을 만들었다.

그리고 광고 왼쪽 상단에 "고치지 않은 아름다움(Beauty Unaltered)"이라는 슬로건을 넣어 아름다움에 대한 새로운 기준을 제시한다. '뷰티 마크'를 넣은 모든 광고에서는 포토샵으로 고치지 않은 여성들의 아름다움을 표현했다. 주근깨가 가득한 여성도 광고에 등장한다. 광고 모델에게는 자신의 맨얼굴 그대로 나왔는지 직접 확인하게 했다. 광고에서는 여성이 피부에 자신감을 가지도록 있는 그대로의 아름다움을 보여주었을 뿐이다. 고치지 않은 사진을 활용한 광고는 여러 미디어에 노출돼 아름다움의 새로운 기준을 제시하고 여성들에게 자신감을 불어넣기에 충분했다.

CVS 파머시의 광고 '실제의 아름다움1' (2018)

CVS 파머시의 광고 '실제의 아름다움2' (2018)

CVS 파머시는 지점이 1만여 개나 되는 미국 최고 약국 체인점이다. 미국 최초로 담배 판매를 중단했다. 진정성 있는 메시지가 담긴 이 광고에 힘입어 매출이 그전보다 18% 성장했다. 이제는 여러 뷰티 브랜드의 광고에서 사진을 고치지 않는 사례가 늘어나고 있다. CVS 파머시는 2018년부터 지금까지 광고 모델 사진을 포토샵으로 처리하지 않으며, 수정용 소프트웨어를 완전히 차단하려고 노력한다. 기업의 진정성 있는 광고 메시지는 여성들이 자기 피부에 심리적으로 자신감을 갖게 하는 데도 영향을 미쳤다.

이 광고에서 채굴한 스티커 메시지는 진정성이다. 일찍이 하버드 대학교 비즈니스 스쿨의 제임스 길모어(James Gilmore)와 조지프 파인(Joseph Pine) 교수는 《진정성의 힘》[3]에서 소비자들로부터 인정받을 수 있는 진정성 마케팅의 유형을 다섯 가지로 나누고 구체적인 개념과 사례를 제시했다.[4] 하지만 이들이 제시한 다섯 가지 유형만이 진정성 마케팅이라고 단정할 필요는 없다. 그 밖에도 상황에 따라 달라지는 진정성 마케팅의 유형이 얼마든지 있을 수 있다.

보편적으로 인정되는 다섯 가지 유형은 인위적 요소가 배제된 천연 소재 상품에 해당하는 자연적 진정성, 이전에 없던

최초의 상품이라고 할 수 있는 독창적 진정성, 기존 상품과 확실히 구별되는 특성을 지닌 특별한 진정성, 브랜드와 연관되는 이미지를 완벽히 구현하는 연관성의 진정성, 경제적 이해관계를 떠나 대의를 추구하는 영향력 있는 진정성이다.[5]

김상훈과 박선미가 쓴 《진정성 마케팅》에서는 말로만 떠드는 마케팅의 시대는 끝났다고 진단하면서, 대신에 좋은 제품을 잘 알리기 위해 기업의 탄생 스토리, 철학, 실력, 성격, 개성, 열정, 소통 능력 같은 진정한 가치를 제공하는 진정성 마케팅이 중요하다고 강조했다.[6] 그동안 소비자들은 허위 과장 광고, 강압적인 마케팅 메시지, 가짜 뉴스 같은 정보의 홍수로 질렸을 수도 있다. 소비자들은 진정으로 공감할 만한 브랜드 메시지에서 기업의 진심을 느낀다. "진심이 짓습니다"라는 e-편한세상의 광고 카피가 호응을 얻었던 것도 소비자들이 진심을 느꼈기 때문이다.

진심은 사람을 끌어당기는 힘이 있다. 대기업 제품이나 유명 브랜드가 아니더라도 충분히 진심을 전달할 수 있다. 계속 노력하다 보면, 소비자들도 언젠가 진심어린 신뢰를 보내줄 것이다. 따라서 마케팅이 상술이라는 소비자의 선입견을 극복하는 소통 능력이 중요할 수밖에 없다.

STICKER MESSAGE
스티커 메시지

말을 하거나 글을 쓸 때는 사람들이 '딱 내 이야기네!'라고 느낄 수 있는 진정성 있는 메시지를 개발해야 한다. 그동안의 마케팅이 시장 점유율(market share)을 높이는 것이었다면, 앞으로의 마케팅은 마음 점유율(mind share)을 높이는 방향으로 변해야 한다.

STICKER MESSAGE

KEYWORD

5. 핵심어

메시지를 단단하게 만드는 법

키워드가 없으면
빛 좋은 개살구

"알맹이 없는 말잔치뿐이어서 실망했다." 정부나 기업에서 어떤 정책이나 방침을 발표할 때 이런 말이 자주 들린다. 물론 개인 간 대화에서도 알맹이가 없으면 오래 지속할 수 없다.

스웨덴 맥도날드의 광고 '사원모집' 편에서는 직원을 뽑을 때 어느 나라 사람인지 따지지 않고 개인의 포부와 결심을 보고 결정한다는 메시지를 담았다. 헤드라인은 이렇다. "우리는 투르크족, 그리스인, 폴란드인, 인도인, 에티오피아인, 베트남인, 중국인, 또는 페루인을 고용하지 않습니다." 대놓고 인종차별 발언을 하다니, 도대체 이게 무슨 소리지? 설마 하는 마음에 살펴보니 한참 아래쪽에 깨알같이 써내려간 보디카피가 있다.

STICKER MESSAGE
스티커 메시지

스웨덴 맥도날드의 광고 '사원모집' 편(2008)

"스웨덴인, 한국인, 노르웨이인도 아닙니다. 우리는 개인을 고용합니다. 우리는 당신이 무슨 성씨인지도 관심 없습니다. 포부와 결심은 당신의 국적과 아무 상관 없기 때문입니다. 스웨덴에서 가장 평등한 회사 중 하나인 맥도날드에는 95개국 출신의 많은 사람이 함께 일하고 있습니다. 맥도날드 스웨덴과 함께하세요." 보디카피는 헤드라인의 약 4분의 1 크기라서, 시력이 좋지 않은 사람은 읽을 수 없을 정도다.

광고 회사 DDB의 스웨덴 지사는 아마도 메시지의 극적인 반전 효과를 위해 이런 식으로 광고를 만들었을 터이다. 호기심을 유발해 주목을 끈 다음 반전 메시지로 설득하는 고전적 수법이다. 그런데 이 광고에서는 보디카피 글씨가 지나치게 작으면 헤드라인만 읽고 보디카피를 읽지 않는 사람이 많다는 사실을 간과했다. 광고 메시지를 대하는 소비자의 태도를 생각하지 못한 결정적 실수를 한 것이다.

더 심각한 문제는 핵심어가 전혀 돋보이지 않는다는 점이다. '인종 차별 없는 채용'이라는 핵심어를 부각시키지 않고 메시지 반전 효과를 위해 아주 작은 크기로 숨겨버렸다. 시간이 없어 헤드라인만 읽은 사람들은 맥도날드에 대해 부정적으로 인식할 가능성이 높다. 헤드라인에 언급된 나라 국민들

STICKER MESSAGE
스티커 메시지

은 모욕감을 느낄 수도 있다. 미국인을 추가했더라면 어땠을까? 차별받을 가능성이 높은 국민들을 나열하다가 마지막에 차별받을 가능성이 거의 없는 미국인을 넣었더라면, 오히려 반전의 묘미가 있었을 것이다.

반면 유방암케어(Breast Cancer Care)의 광고 '사랑하는 몸에게' 편은 핵심어를 잘 나타낸 사례로 꼽힌다. 유방암케어는 유방암에 걸린 사람이나 유방암의 영향을 받는 모든 사람에게 치료 서비스나 정보를 제공하기 위해 1972년 영국 런던에 설립된 전문 자선 단체다.[1] 광고는 흑인 여성의 등에 하얀색 글씨로 카피를 써 내려가 핵심어를 부각시켰다. 유방암에 걸린 여성이 자신의 몸에 보내는 편지 형식이다.

"사랑하는 몸에게. 너와 함께 있는 시간이 늘 행복하지만은 않았어. 나는 더 긴 다리, 들어간 배, 얇은 팔을 원했지. 하지만 최근에 너와 나는 많은 일을 겪었어. 오른쪽 가슴을 잃고 머리카락도 빠져버렸지. 하지만 우리는 암을 극복했어. 그리고 이제 나는 있는 그대로의 너를 사랑하고 받아들이는 법을 배웠어. 완벽하지는 않아도 불완전하게 아름답게. 너는 내 몸이야. 그리고 난 네가 자랑스러워."

광고에서는 환자(정신)가 자신의 몸(육체)을 '너'로 칭한다.

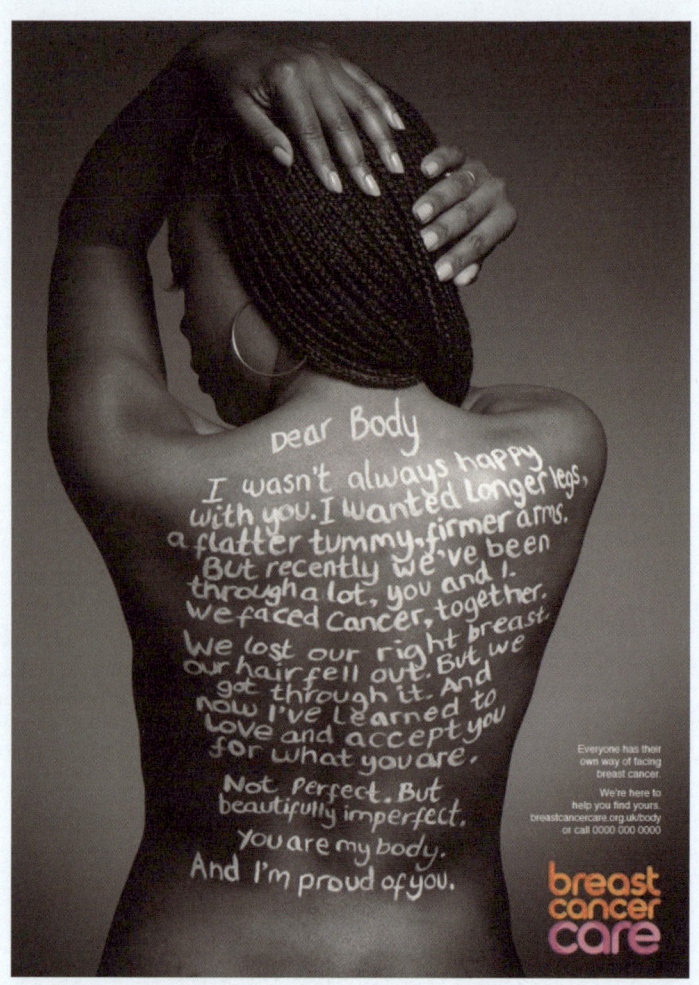

유방암케어의 광고 '사랑하는 몸에게' 편(2013)

인간의 정신과 육체는 하나가 아니라 서로 상호작용하는 다른 두 실체라고 주장했던 르네 데카르트(René Descartes)의 심신이원론이 그대로 반영된 카피다. 각자 경험이 다를 수 있지만, 유방암 관리 서비스가 필요한 사람들에게 알리기 위해, 내가 내 몸에게 보내는 '내면의 목소리'를 들려준 것이다. 유방암 검진 후에는 자신감이 더 중요하다는 사실을 이처럼 인상적으로 표현했다.

광고의 키워드는 '자랑스러운 내 몸'이다. 벗은 여성의 등에 '내 몸에 보내는 편지'를 과감히 써 내려간 광고의 목적은 유방암 환자들이 자신감을 되찾도록 돕는 데 있다. 따라서 여성들에게 자기 몸을 더 소중하고 자랑스럽게 생각하자는 핵심어를 확실히 보여줬다. 유방 절제에 따른 자신감 부족이 유방암 치료에서 가장 극복하기 어려운 심리적 요인이기 때문이다. 이 광고는 스웨덴 맥도날드 광고와 달리 핵심어를 부각시켜 더 높은 광고 효과를 얻었다.

두 광고에서 채굴한 스티커 메시지는 핵심어이다. 핵심어란 말이나 글에서 전하려는 내용을 짧게 간추린 단어나 문구를 뜻한다.

보고서, 논문, 홍보문, SNS 카드뉴스, 유튜브 썸네일에는 반드시 핵심어가 있어야 한다. 핵심어만 대충 살펴봐도 주제를 어느 정도 파악할 수 있어야 한다.

리더의 연설이나 글에서는 핵심어가 특히 더 중요하다. 리더들은 자신의 지향점을 한마디로 전달할 수 있어야 한다. 위기가 닥칠 때마다 열정과 혁신을 강조했던 고 정주영 현대그룹 명예회장은 "해봤어?"라는 한마디로 자신의 정신세계를 나타냈다.[2] 그는 안 된다는 사람들 앞에서 "해봤어?"라고 반문하며 결국 그들의 마음을 움직였다. 빛 좋은 개살구에는 알맹이가 없다. 말이나 글에 핵심어가 없다면 빛 좋은 개살구와 다름없다.

STICKER MESSAGE
스티커 메시지

결정하면
머뭇거리지 말자

 최고 경영자 사무실에 가보면 유달리 고사성어 액자가 많이 걸려 있다. 자신의 경영철학을 스스로 다짐하는 면도 있겠지만, 방문객들에게 은근히 자랑하려는 의도도 있을 것이다. 방문객은 사무실 주인의 인생철학을 넌지시 엿볼 테니까. 경영자의 사무 공간에 '금조변석개(禁朝變夕改)'라는 액자를 걸어놓으면 어떨까? 조변석개를 금하라는 말이니, 한번 결정한 것을 아침저녁으로 뜯어고치지 말고 일관되고 과단성 있게 밀고 나가라는 뜻이다.

 나이키 30주년 기념 광고 '콜린 캐퍼닉(Colin Kaepernick)' 편을 보자. 나이키는 2018년 9월 3일 "Just Do It" 캠페인 30주년 기념 광고를 내보냈다. 강렬한 눈빛으로 바라보는 선수의 얼굴에 두 줄의 카피가 놓여 있다. "그 무엇을 믿는다. 심지어 그것이 모든 것에 대한 희생을 의미할지라도(Believe in something. Even if it means sacrificing everything)." 여기에서 그것이란 양보할 수 없는 가치나 원칙을 의미한다. 그리고 선수의 입술 아래쪽에 나이키 로고와 "Just do it"이란 슬로건이 보인다.

광고가 나가자 소비자들이 반발하며 보이콧 운동을 벌였다. 콜린 캐퍼닉이 나이키 30주년 기념 광고 모델로 부적절하다는 이유였다. 도대체 무슨 이유로 그토록 반발한 걸까? 미식축구 선수인 캐퍼닉은 미국 샌프란시스코 팀의 쿼터백으로 유명했다. 캐퍼닉은 흑인에 대한 사회적 차별에 반대한다는 메시지를 전달하기 위해 2016 미국풋볼리그(NFL)에서 미국 국가가 연주되는 동안 무릎 꿇는 행동을 보여주었다.

그와 뜻을 같이한 동료들도 퍼포먼스에 동참하며 상당한 사회적 파장을 불러왔다. 이 일로 인해 그가 블랙리스트에 올라 불이익을 당했다는 소문도 무성했다. 상황이 이런데도 그가 나이키 광고 모델로 등장하자 소비자들이 반발했던 것이다. 심지어 트럼프 대통령도 광고 모델 선정이 잘못됐고 부정적 메시지가 실망스럽다는 글을 트위터에 남겼다. 어떤 소비

STICKER MESSAGE
스티커 메시지

나이키의 30주년 기념 광고 '콜린 캐퍼닉' 편(2018)

자들은 나이키 상품을 불태우는 장면을 소셜 미디어에 공유하며 격한 감정을 표출하기도 했다.

나이키가 30주년 기념 광고에서 캐퍼닉을 모델로 선정한 데는 어떠한 위험 부담이 있더라도 기꺼이 감당하겠다는 경영진의 과단성이 반영됐다. 미국을 비롯한 모든 나라에서 인종 차별 문제가 민감한 사안이어서 기업의 이윤 창출이라는 관점에서만 보면 캐퍼닉을 모델로 선정한 것이 타당한 결정이라고 평가하기 어렵다. 그러나 나이키 경영진은 논란을 예상하면서도 과감히 결정했다.

나이키 광고의 메시지에서는 과단성이 느껴진다. 어떤 가치가 모든 것에 대한 희생을 의미할지라도 그 가치를 신봉해야 한다는 뜻이다. 제품을 팔려고만 하지 않고 인간의 신념에 대해 이야기한다. 소비자들의 보이콧 운동이 심각하게 전개되는 상황에서도 나이키는 인종 차별에 반대하는 캐퍼닉의 신념을 지지하면서 브랜드 메시지를 과감하게 밀어붙였다. 달리 생각해보면, 광고 카피가 운동장에 나가기 직전 코치가 하는 격려의 말처럼 느껴지기도 한다. 한편에서는 지지하는 소비자도 많았다. 마케팅 전문가들은 이 광고의 부가가치가 60억 달러에 이른다는 분석 결과를 내놨다. 만약 소비자의 반

STICKER MESSAGE
스티커 메시지

발이나 보이콧 운동에 민감하게 반응하며 갈팡질팡했더라면 결코 기대하기 어려웠을 것이다.

웰 스타킹(Well Stockings)의 광고 '하이힐' 편에서도 과감한 시도가 눈길을 끈다. 프랑스에서 여성 소비자를 대상으로 집행한 이 광고에서는 한 여성이 누운 상태에서 다리를 높이 쳐들고 스타킹을 신고 있는 장면이 한눈에 들어온다. 그런데 놀랍게도 하이힐을 벗지 않은 채 스타킹을 신고 있다. 매우 창의적인 아이디어다. 나아가 여성의 양 다리가 90도로 꺾인 듯이 겹쳐 보이는 장면에서도 스타킹의 강한 탄력성을 느낄 수 있다.

카피는 "찢어지지 않는(Unrippable)"이란 한마디뿐이다. 영어에서 립(rip)은 '째다' '찢다'의 뜻이니, "찢을 수 없는" 혹은 "찢어지지 않는"이라는 의미다. 상품의 특성을 한마디로 표현해 소비자의 혜택이 금방 느껴지게 했다. 비주얼에서는 하이힐을 신은 채로 스타킹을 신어도 탄력성이 좋아 결코 찢어지지 않는다는 상품의 특성을 과감하게 표현했다. 걸을 때 뾰족한 하이힐로 찍어도 찢어지지 않는다는 주장은 과장법에 가깝지만, 고탄력 스타킹이라는 제품의 장점을 확실히 주장할 수 있다.

웰 스타킹의 광고 '하이힐' 편(2010)

두 광고에서 채굴한 스티커 메시지는 과단성이다. 과단성이란 고민을 많이 하되 최종 결정을 하고 나면 머뭇거리거나 주저하지 않고 실행하는 성향이자 용감하게 밀어붙이는 추진력이다. 우리가 일을 하면서 결정을 자주 바꾸면 프로젝트나 사업이 살얼음판을 걷듯 아슬아슬하게 진행되고 함께 일하는 사람들도 힘들어진다. 의사 결정이 치명적으로 잘못됐다면 궤도를 수정해야겠지만 주위의 반응이나 평판에 따라 갈팡질팡한다면 아무도 신뢰하지 않을 것이다. 결정을 할 때, 그리고 그 결정을 발표할 때는 신중해야 하되 그 결정을 내리고 나면 주저하지 말고 나아가자.

하나의 메시지에
집중하자

경영자나 정치인은 말할 기회가 많다. 그때마다 다양한 메시지를 전달하기 때문에 뒤돌아서면 도대체 무슨 말을 했는지 모호할 때가 있다. 연설은 하나의 메시지에 집중해야 하는데, 그들의 발언은 날마다 새 소식을 전하는 뉴스 같다. 한 글자도 바꾸지 않고 같은 내용을 그대로 내보내는 뉴스는 없다. 사건의 전개 양상에 따라 다음 뉴스에서는 추가 정보를 제공한다.

하지만 광고는 다르다. 한번 만든 광고는 카피를 바꾸지 않고 그대로 반복한다. 짧게는 한 달, 보통은 6개월, 길게는 3년 넘게 반복하기도 한다. 같은 내용을 반복하는 까닭은 광고 브랜드를 소비자에게 기억시키기 위해서다.

STICKER MESSAGE
스티커 메시지

경영자나 정치인이 메시지를 자주 바꾸면, 시간이 지난 다음 사람들의 머릿속에 어떠한 단어나 이미지도 남지 않는다. 1952년 미국 대통령 선거 당시 드와이트 아이젠하워(Dwight D. Eisenhower) 후보는 한 표가 소중한 선거판에서 메시지를 자주 바꾸고 싶은 과욕을 버리고 사람들이 쉽게 기억할 수 있는 하나의 메시지만 채택했다.

아이젠하워의 정치 광고 '아이크' 편을 보자. 1952년 미국 대통령 선거에서 공화당의 아이젠하워 참모들은 유권자의 마음을 사로잡을 아이디어를 고심하다 선거 캠페인을 전문가에게 맡겼다. "나는 아이크가 좋다(I like Ike)." 아이크는 아이젠하워의 애칭이다. 어빙 베를린(Irving Berlin)이 쓴 짧은 카피가 평범하다며 선거 참모의 90%가 반대했지만, 아이젠하워는 광고 전문가의 손을 들어줬다. 군인다운 간명한 결정이었다. 치열한 경쟁이 펼쳐지는 대통령 선거전에서 아이젠하워는 "나는 아이크가 좋다"라는 하나의 메시지를 들고 유권자와 소통하려 했다.

결국 아이젠하워는 제34대 미국 대통령에 당선됐다. 이 광고에 쓰인 알파벳은 단 네 개(i, l, k, e)다. 애칭 아이크를 활용해 "아이 라이크 아이크"를 수차례 반복했다. 하나의 메시지

아이젠하워의 정치 광고 '아이크' 편(1952)

에 집중한 것이다. "I like Ike"는 수사학에서 말하는 유음중첩법(類音重疊法, paronomasia)을 활용한 카피다.[3] 유음중첩법이란 음은 비슷하지만 의미가 다른 단어를 결합해 리듬감을 살리고 의미의 강도를 심화하는 일종의 말장난인데, 우리나라 판소리 사설에서도 자주 쓰였다.

아이젠하워는 우리에게 친숙한 맥아더 장군의 전속 부관 생활을 무려 9년 동안이나 묵묵히 수행한 일화로도 유명하며, 우리나라를 공식 방문한 미국의 첫 대통령이다.

어쨌든 제2차 세계 대전을 승리로 이끈 전쟁 영웅으로서의 인기나 한국 전쟁을 끝내겠다는 선거 공약이 승리의 결정적 요인이었지만, 정치 슬로건도 한몫한 것이 분명하다. 〈타임(TIME)〉지는 역사상 톱10 캠페인의 하나로 이 광고를 선정했다. 아이젠하워는 1956년 선거에서도 "여전히 아이크가 좋다(I still like Ike)"라는 슬로건을 내세워 재선에 성공했다.

선거철이 시작되면 너나없이 광고 전문가를 찾는다. 선거법에 묶여 광고 물량을 소나기처럼 퍼부을 수 없는 실정이라 선거 캠프에서는 마음이 다급할 수밖에 없다. 공약을 모두 보여주려 하지 말고 핵심 공약을 간단하게 요약해서 제시해야 한다.

마거릿 대처(Margaret H. Thatcher)의 정치 광고 '실업자의 행렬' 편을 보자. 1978년 총선을 앞두고 영국 보수당은 노동당에 큰 격차로 뒤지고 있었다. 보수당의 마거릿 대처 후보가 노동당 당수 제임스 캘러헌(James Callaghan)에게 밀리는 상황이었다. 그때 보수당 캠프에 구원투수로 투입된 광고 회사 사치앤사치는 "노동당은 일하지 않는다(LABOUR ISN'T WORKING)"라는 카피를 제안했다.

사람들이 실업 수당을 받으려고 실업자 사무소 앞에 장사진을 치며 길게 늘어선 사진에 이 카피를 얹었다. 점차 반응이 나타나기 시작해, 결국 궁지에 몰리던 대처 후보를 구해냈다. 일하지 않는 노동당 캠페인을 성공시킴으로써 보수당은 선거에서 승리했고, 마침내 마거릿 대처는 영국 총리 자리에 올랐다. 1979년부터 1990년까지 영국 총리를 지내는 동안, 대처는 '철의 여인'이라는 별명까지 얻었다. 하나에 집중한 메시지가 11년 집권의 문을 열었다고 할 수 있다.

두 광고에서 채굴한 스티커 메시지는 단일성이다. 단일성이란 다른 것이 섞이지 않고 하나로 이루어진 성향을 뜻한다. 아이젠하워의 정치 광고에서는 '아이크가 좋다'는 것만 강조했고, 대처의 정치 광고에서도 '일하지 않는 노동당'이라는

STICKER MESSAGE
스티커 메시지

마거릿 대처의 광고 '실업자의 행렬' 편(1978)

메시지만 반복해서 강조했다.

　우리나라 기업은 슬로건을 너무 자주 바꾼다. 나름 이유가 있겠지만, 최고 경영자가 하나의 슬로건을 너무 오래 쓰지 않느냐며 싫증을 내기 때문인 경우도 많다. 하지만 자사 광고를 가장 자주 보는 사람은 해당 광고주일 수밖에 없다. 자기네 광고가 잘 나오는지 안 나오는지 확인하는 차원에서 자주 보다 보니 싫증날 때쯤, 소비자는 그 광고를 처음 볼 수도 있다. 반면 1984년부터 지금까지 계속된 유한킴벌리의 "우리강산 푸르게 푸르게!" 같은 장기 캠페인은 아주 드문 사례다.

　유권자의 마음이 시시각각으로 바뀌는 선거판에서 아이젠하워의 선거 참모들도 슬로건을 얼마나 바꾸고 싶었겠는가? 하지만 참았다. 정치판에서 한 슬로건을 8년이나 쓰려면 대단한 인내심이 필요하다. 말을 하거나 글을 쓸 때는 많은 메시지를 전하고 싶은 마음을 억누르고 하나의 주장에 집중해야 한다.

STICKER MESSAGE
스티커 메시지

현저한 특성만
기억한다

살다 보면 절대로 잊지 못할 순간이 있다. 어릴 때 봤던 참새의 부러진 다리나 선생님의 화난 표정이 뚜렷한 기억으로 남는 경우가 있다. 초등학교부터 고등학교까지 적어도 12명의 담임 선생님을 매일 만났다. 그런데 왜 어떤 선생님은 얼굴과 이름까지 기억나고 어떤 선생님은 아무것도 떠오르지 않을까? 그 선생님에 대한 현저한 인상을 받지 못했기 때문이다.

심리학의 지각 이론 가운데 인상 형성(impression formation) 이론이 있다. 그 사람의 신체적 특성(체격, 입 모양, 겉치장, 연령, 성별, 인종 등), 언어(음성, 강약, 억양 등), 몸짓 같은 단서에 따라 인상이 형성된다는 것이 핵심이다. 인상 형성을 결정하는 세 가지 요인은 외모, 신체적 매력, 그리고 인지적·지적 스타일로 알려져 있다.[4] 개인의 성향과 태도도 인상 형성에 영향을 미친다. 다만 상대의 정보를 깊이 들여다보지 않고 머릿속에 상대의 인상을 만든다. 그래서 어떤 특성 하나를 바탕으로 상대의 인상을 결정할 가능성이 높다.

3M 스카치테이프의 광고 '못' 편은 한 번만 봐도 잊지 못할 깊은 인상을 남겼다. 못이 구부러져 벽에 박을 수 없자, 못을 벽에 세우고 그 위에 스카치테이프를 붙였다. 무엇을 걸기에 딱 좋을 정도로 구부러져 옷을 걸어도 끄떡없을 것 같다. 애써 못을 박지 말고 스카치테이프로 붙이라는 뜻인데, 테이프의 접착력이 매우 강하다는 특성을 이렇게 표현했다.

아래쪽에 스카치 로고와 함께 짧게 한 줄이 보인다. "초강력 테이프(tape beyond strong)." 테이프로 지지한 못에 실제로 옷을 걸면 당연히 버티기 어려울 것이다. 그렇다고 허위광고로 매도할 수는 없다. 어떤 대상을 실제보다 부풀려서 표현하는 과장법으로 만들었기 때문이다. 실제보다 크게 부풀리는 것만이 과장법이 아니다. 실제 현상이나 모양을 파격적으로 축소하는 것도 과장법이다. 수사학에서는 이런 것을 낮춰말하기(humiliatio)라고 한다.

STICKER MESSAGE
스티커 메시지

3M 스카치테이프의 광고 '못' 편(2009)

과장법은 '강조의 수사법' 중 하나다. 과장법을 활용하려면 누가 봐도 한눈에 알 수 있도록 비약적으로 과장해야 한다. 그렇지 않으면 본질적으로 상품의 장점을 과장하기 쉬운 광고의 속성상 과장 광고로 오인할 가능성이 있기 때문이다. 과장법과 과장 광고는 분명 다른 개념이다. 과장법을 잘못 사용하면 깊은 인상을 남길 수 없다. 이 광고에서는 못을 테이프로 붙인 놀라운 장면을 제시함으로써 강한 인상을 남겼다.

삼성전자의 F400 핸드폰 광고 '권투 글로브' 편도 강력한 비주얼 하나로 핵심 메시지를 전달했다. 제일기획 인도네시아 지사에서 만든 이 광고는 거친 운동을 상징하는 권투 글로브가 한눈에 들어온다. 출력 성능이 좋은 핸드폰임을 알리기 위해 과장법을 활용해 재미있게 음표처럼 배치했다. 기능을 상세히 설명하지 않고 광고면 아래쪽에 짧은 카피 한 줄만 배치했다. "녹아웃 강력 스피커를 탑재한 신형 F400(The New F400 WITH KNOCK OUT POWER SPEAKERS)."

삼성전자의 듀얼 슬라이드형 뮤직 폰인 SGH-F400을 알리는 광고다. 휴대폰으로 음악을 듣는 사람들에게 음악 기능을 특히 강조했다. 겉모양은 보통의 슬라이드 휴대폰이지만, 밀어 올리면 아래쪽에 키패드가 나타나고 내리면 내장 스피

STICKER MESSAGE
스티커 메시지

삼성전자의 F400 핸드폰 광고 '권투 글로브' 편(2009)

커가 있다. 통화할 때는 슬라이드를 위로 올리고 음악을 들을 때는 내리면 된다. 전문 오디오 시스템에 있는 디지털 파워앰프의 출력 성능이 좋아, 우리나라에서는 2009년 무렵 '서태지 폰'으로 불리며 인기를 끌었다.

음표를 활용한 광고는 이전에도 있었지만 음표를 권투 글로브와 연결해 출력이 강력한 핸드폰이라고 표현한 광고는 없었다. 음악의 출력 성능을 효과적으로 표현해, 핸드폰 광고지만 헤드폰 광고처럼 보인다. 이 광고에서도 권투 글로브라는 핵심 비주얼이 현저한 인상을 남겼다.

두 광고에서 채굴한 스티커 메시지는 현저성이다. 현저성이란 어떤 대상이나 속성이 다른 것에 비해 돋보이는 성향이다. 어떤 사물이나 사람을 볼 때 전체적으로 파악하지 않고, 눈길 끄는 것만으로 그 대상을 판단하는 현상을 말하기도 한다. 광고에서는 가장 중요한 핵심 장면이 현저성에 해당한다. 영화를 비롯한 영상물에서도 반드시 두드러진 핵심 영상이 있게 마련이다. 흔히 말하는 '인생 사진'도 당사자에게는 현저한 사진이 될 수 있다.

두드러진 특성이 인상 형성에 영향을 미치기 때문에 때로는 현저성의 편향이 발생한다.[5] 첫인상으로 사람을 판단하는

STICKER MESSAGE
스티커 메시지

경우에는 더욱 그렇다. 그렇지만 말이나 글에서 돋보이는 부분이 없다면 사람의 마음을 움직일 수 없기 때문에 차라리 현저성의 편향을 끌어내는 것이 나을 수도 있다.

현저성은 확실한 인상을 남기는 원천이다. 심리학의 또 다른 지각 이론으로 인상 관리(impression management) 이론이 있다. 인상 관리 이론에서는 사람에게 타인에게 깊은 인상을 남기고 자신의 존재를 인정받고 싶은 인정 욕구가 있다고 한다.[6] 그렇게 해서 나타난 태도는 타인에게 기대감을 준다. 어떤 인상이 일관되게 형성되면 신뢰감과 친근감을 주지만, 그렇지 못하면 실망감과 긴장감을 준다.

따라서 자신의 돋보이는 특성을 바탕으로 현저한 인상을 형성한 이후에는 그 인상을 일관성 있게 관리해야 한다.

STICKER MESSAGE

ELABORATION

6. 정교화

디테일이 승부를 결정한다

메시지의
양과 질 다듬기

"아파트가 빵이라면 밤을 새워서라도 만들겠어요." 김현미 전 국토부 장관의 이 한마디에 전국이 들썩였다. 본뜻은 아파트 공급에 상당한 시일이 걸린다는 말이었지만 국민들은 '빵'이란 단어만 기억했다. 마리 '빵'투아네트, 1인 2빵 구속, 김현미의 빵은 뺑 같다는 비난과 조롱이 쇄도했다. 사람들은 왜 그렇게 반응했을까?

많은 사람 앞에서 발표하는 자리에서는 청중이 어떤 자세로 자신의 말을 기다리고 있을지 가늠해봐야 한다. 현대인들은 상대의 말을 적극적으로 경청하려 하지 않는다. 인지적 구두쇠다. 그래서 설득 커뮤니케이션 연구에서는 생각의 양(개수)과 질(성격)의 문제에 주목하기 시작했다.

STICKER MESSAGE
스티커 메시지

미국 심리학자 리처드 페티(Richard Petty)와 존 카시오포(John Cacioppo)는 사람들이 어떤 대상을 신중하게 평가할 동기가 없다고 가정하고, 태도는 수용자의 정교화 가능성(받아들이는 사람이 정보를 처리하려는 노력의 정도)에 따라 다른 경로를 거쳐 형성된다는 정교화 가능성 모델(Elaboration Likelihood Model, ELM)을 제시했다. 수용자가 더 많이 생각해야 할 때는 중심 경로(central route)를 거쳐 설득이 이루어지고, 인지적 노력을 덜 해도 되는 상황에서는 상대적으로 간단한 단서에 의지하는 주변 경로(peripheral route)를 통해 설득이 이루어진다는 것이다.[1]

다국적 생활용품 기업 유니레버(Unilever)는 2004년부터 몇 년 동안 '진정한 아름다움(Real Beauty)' 캠페인을 전개했다. 20개국 6,400여 명의 여성에게 사전 설문조사를 해보니, 96%가 스스로 아름답지 않다고 여겼고 오직 2%만 자신이 아름답다고 답했다.

반면에 다른 여성이 아름답다고 응답한 비율은 80%에 이르렀다. 남의 떡을 크게 보는 현상에 주목한 도브(Dove)는 진정한 아름다움에 대한 본질적인 질문을 던졌다. 최근 우리나라에서도 있는 그대로의 모습을 사랑하자는 '내 몸 긍정주의'

인식이 확산되고 있는데, '진정한 아름다움' 캠페인이 그 원조 격이라 할 수 있다.

도브의 광고 '흰머리냐 우아함이냐' 편에서는 정교화 가능성 모델에서 말한 중심 경로를 통해 여성들을 설득했다. 긴 은발의 광고 모델이 지면의 반을 차지할 뿐 제품에 대한 설명도 없고 "□ 흰머리? □우아함?"이라는 두 가지 질문에 표시하라고 한다. 얼굴은 늙어 보이지 않는데 벌써 은발이 된 여성을 염색해야 할 사람으로 봐야 할지, 아니면 우아하고 기품 있는 사람으로 봐야 할지, 소비자들은 망설이고 고민할 것이다. 소비자에게 더 깊이 숙고해보라고 권유하는 광고다.

광고는 빅 모델이 아닌 평범한 여성을 내세워 사회적으로 형성된 아름다움의 정의를 무시한다. 그러고는 소비자들에게 질문을 던져 더 적극적으로 정보처리를 하라고 제안한다. 할리우드 스타들의 긴 금발을 동경하는 여성들에게 자신의 아름다움에 대한 판단을 남에게 맡기지 말고 스스로 판단하라는 메시지를 담고 있다. 남들이 강요하는 미의 기준을 내려놓으라고 권유한 이 광고는 정교화 가능성 모델에서 말하는 중심 경로를 통해 여성들을 설득하려고 한다.[2]

미국유가공협회 교육 프로그램(Milk Processor Education

STICKER MESSAGE
스티커 메시지

도브의 광고 '흰머리냐 우아함이냐' 편(2006)

미국유가공협회의 광고 '마그 헬젠버거' 편(2008)

Program, MilkPEP)의 광고 '우유 있어요?' 캠페인은 주변 경로를 통한 설득 전략을 구사한다. 우유 소비량이 떨어지자 이 협회에서는 1995년에 조사를 실시했다. 아이들은 우유에 대해 어디서나 먹을 수 있는 그저 그런 주식으로 생각하고 있었다. 우유 소비를 촉진하기 위한 광고를 제작하기로 한 협회는 우유 콧수염 비주얼과 "우유 있어요(Got Milk)?"라는 슬로건이 침체된 낙농업계에 다시 활력을 불어넣을 것으로 기대했다. 우유에 대한 관심을 이끌어내고 건강을 강조하기 위한 설득의 주변 단서(peripheral cues)로 우유 콧수염을 활용했다.

여러 시리즈 중에서 '마그 헬젠버거' 편을 보자. 영화배우 마그 헬젠버거(Marg Helgenberger)가 출연한 광고에서는 우유를 마신 모델의 입술에 우유 자국을 남겼다. 마치 남자의 콧수염 같다. 슬쩍 봐도 기억에 남을 만하다. 보통 우유 광고에서는 우유 마시는 장면을 보여주지만 이 광고에서는 별로 중요하지 않은 주변 단서를 활용했다. 우유를 얼마나 맛있게 꿀꺽꿀꺽 마셨기에 여성 모델의 윗입술에 우유 자국이 남아 콧수염을 만들었을까 하는 호기심을 남겼다.

주변 단서는 시간이 흐르면서 효과를 발휘할 수 있다. 일주일 뒤 마트에 간 소비자는 콧수염 광고를 떠올리며, 막연한 기억에 의지해 우유를 사려고 유제품 코너로 향할 것이다. 1995년 이후 20여 년 동안 운동선수, 영화배우, 슈퍼모델 등 300명이 넘는 유명인이 광고 시리즈에 출연해 350여 종류의 우유 콧수염 광고가 미국 전역에 노출됐다. 많은 광고상을 수상한 이 캠페인은 광고계의 대표적인 성공 캠페인으로 자리매김했다.

두 광고에서 채굴한 스티커 메시지는 정교화다. 정교화란 중심 경로를 통해 상대가 심사숙고하게 해서 설득할지 아니면 주변 경로를 통해 환기시키며 설득할지에 따라 메시지의 양과 질을 섬세하게 다듬는 과정이다. 많은 사람 앞에서 말할 때 정교화 가능성 문제를 충분히 고려해야 한다. 정보처리 의지가 높은 사람이 많을 경우에는 메시지 내용을 신중하게 생각하도록 핵심 주제 위주로 연설해야 효과가 있다.

그러나 대부분의 경우에는 청중의 정보처리 의지가 낮기 때문에 주변 경로를 거치는 설득을 시도해야 한다. 메시지 내용과 무관할지라도 주변 단서를 잘 활용해야 한다. 유머, 옷차림, 유행어, 손짓, 눈 맞춤 같은 긍정적인 주변 단서는 일시적이긴 하지만 긍정적인 태도 형성에 중요한 영향을 미친다. 김현미 전 장관의 '빵'은 부정적인 주변 단서였다.

STICKER MESSAGE
스티커 메시지

"사느냐 죽느냐 그것이 문제로다." 영국의 극작가 윌리엄 셰익스피어의 소설 《햄릿》에 나오는 이 말을 패러디하면 이렇게 바꿀 수 있겠다. "생각하느냐 생각하지 않느냐? 그것이 문제로다."

좋은 질문이
답을 찾는다

시골에서 농사짓는 외삼촌 댁에 놀러 갔을 때 일이다. 조금이나마 거들고 싶어 논에 가는 외삼촌을 따라나섰다. 그런데 타고 가던 경운기가 농로에서 갑자기 멈췄다. 외삼촌은 자주 있는 일이니 걱정 말라며 나를 안심시키더니, 대뜸 이렇게 말씀하셨다.

"박사니까 어떻게 좀 해봐!"

외삼촌은 박사 학위를 가진 나를 뭐든 잘 아는 만물박사로 여기시는 듯했다. 하지만 박사 학위가 있다고 해도 자기 전공 분야 외에는 모르는 것이 태반이다. 어쩌면 외삼촌도 이런 사실을 알면서 조카에게 농담으로 그렇게 말했을지 모른다.

조직의 리더들도 부하 직원들이 보기에는 만물박사에 가

STICKER MESSAGE
스티커 메시지

깊지 않을까 싶다. 이런 경향으로 인해 리더들은 상황을 바꿀 결정적 히든카드가 있어야 한다거나 명쾌한 해답을 제시해야 한다는 생각에 부담을 느끼는 경우도 있다. 뭔가 보여줘야 한다는 강박증 때문에 힘들어하는 것이다. 나는 이런 이들에게 선배라고 해서, 조직의 리더나 경영자라고 해서 항상 답을 제시하는 사람이 될 필요는 없고, 때로는 질문을 던짐으로써 더 나은 답을 찾게 하는 사람이 되라고 조언한다.

영국 옥스퍼드 대학교의 광고 '두 가지 문제' 편에서는 대학 측에서 입학생에게 무엇을 해주겠다고 구체적으로 약속하지 않고 질문을 던진다. "사느냐, 죽느냐? 그것이 두 가지 문제다(To be, or not to be? That is two questions)." 광고를 보는 수용자 입장에서는 호기심을 가질 수밖에 없다. 그리고 의문형 헤드라인에 이어 곧바로 답을 제시한다. "만약에 당신이 셰익스피어보다 똑똑하다면, 우리는 당신에게 학위를 줄 것입니다." 비주얼 없이 군청색 바탕에 흰색 글씨로 간명하게 표현했다.

어떠한 시각적 장치도 없이 카피만으로 완성했지만, 광고를 본 입학 지원자나 가족들은 그러잖아도 입학하고 싶은 대학에 대해 더 큰 기대감을 가질 것 같다. 영국의 명문대학에

옥스퍼드 대학교의 광고 '두 가지 문제' 편(2014)

서 영국의 극작가 윌리엄 셰익스피어가 지은 4대 비극의 하나인 《햄릿》의 대사를 패러디했으니 상관성도 높다. 셰익스피어보다 똑똑하다면 학위를 주겠다니, 입학 지원자나 재학생 모두에게 호기심을 유발하는 동시에 대단한 자부심을 갖게 하는 의문형(호기심형) 헤드라인이다.

의문형 헤드라인은 궁금증을 유발하고 호기심을 자극한다.[3] 사람들에게 공감할 수 있는 메시지를 제시해 참여해서 함께 생각하고 문제를 해결해보자고 유도하는 형식이다. 전혀 생소한 질문을 하는 것이 아니다. 충분히 공감할 수 있는 내용을 질문하기도 하고 상상을 유도하기도 하는 의문형 헤드라인은 사람들에게 긍정적인 메시지를 전하며 함께 생각해보자는 의도를 담고 있다.

프록터앤갬블(P&G)의 팸퍼스(Pampers) 기저귀 광고 '오줌' 편에서도 《햄릿》의 대사를 패러디했다. 베꼈다는 사실을 누구나 알 수 있도록 드러냈으니 표절이 아닌 패러디다. "오줌을 싸든 안 싸든, 우리는 답을 가지고 있습니다(To pee or not to pee. We got the answer)." 글을 잘 쓰려면 좋은 글을 그대로 필사하는 '따라 쓰기'를 해서 기본기를 익히는 방법과 남이 쓴 좋은 문장에서 단어 한두 개를 살짝 바꿔 새로운 의미를 만들어내는 '빌려 쓰기' 기법이 있다.[4] 이 광고의 카피는 《햄릿》의 대사에서 단어를 살짝 바꾸는 '빌려 쓰기' 기법으로 새로운 의미를 만들어냈다. 아기가 오줌을 싸면 부모의 스마트폰으로 알려주는 루미(Lumi) 시스템이 팸퍼스 기저귀에 내장돼 있기 때문에, 오줌을 싸든 안 싸든 문제가 없다는 뜻이다. 아기를 둔 부모는 이 광고를 보는 순간 환호했을 것 같다.

구글과 P&G는 기저귀를 갈아줘야 할 때 스마트폰 앱으로 부모에게 알려주는 모니터링 시스템을 공동으로 개발했다. 양방향 카메라로 아기의 상태를 모니터링하는 동시에 실내 온도나 습도까지 부모에게 알려준다는 루미 시스템을 궁금증을 유발하는 방식으로 자연스럽게 알렸다. 이 광고의 카피에는 물음표가 없다. 그렇지만 조금 더 생각하게 하는 의문형 헤드라인으로 사람들의 관심을 끄는 데 성공했다.

두 광고에서 채굴한 스티커 메시지는 의문형이다. 의문형은 말이나 글에서 수용자에게 질문을 하며 관심을 유도하는 기법이다. 모르거나 의심나는 대목을 물어보는 것만이 질문은 아니다. 교수들은 정답을 알면서도 학생들에게 질문을 던져 스스로 정답을 찾도록 유도한다. 마찬가지로 조직의 리더들은 답을 가지고 있더라도 직원들에게 질문을 던져 생각해

STICKER MESSAGE
스티커 메시지

팸퍼스 기저귀의 광고 '오줌' 편(2019)

보도록 유도해야 한다. 수사법에 평서문을 의문문으로 바꾸는 의문법이 있듯이, 의문형 표현 기법은 사람들의 호기심을 자극하고 심사숙고하게 만든다.

질문도 정교하게 해야 한다. 전혀 생소한 내용이나 너무 오랫동안 생각하게 만드는 질문은 곤란하다. 사람들이 충분히 공감할 만한 내용으로, 답이 곧바로 떠오르는 질문이 좋다. 영어에서 평서문으로 말하고 나서 "안 그래(isn't it)?"하고 묻는 부가의문문처럼 말이다. 부가의문문에는 질문에 대한 긍정적 동의를 유도하려는 의도가 담겨 있다.

이제 우리는 질문하는 방법도 익혀야 한다. 질문을 정교하게 할수록 사람들의 관심도가 높아진다. 그리고 질문을 던지기에 앞서 어떻게 질문할 것인지 심사숙고해야 한다. 나폴레옹은 이런 명언을 남겼다. "심사숙고할 시간을 가져라. 그러나 일단 행동할 시간이 되면 생각을 멈추고 돌진하라."

STICKER MESSAGE
스티커 메시지

능숙해지고
탁월해지는 법

똑같은 식재료로 음식을 만들었는데 왜 맛에 차이가 날까? 흔히 손맛이라고 하는 요리 솜씨가 다르기 때문이다. 문화예술 강국이라는 프랑스에서는 철학자 헤겔이 미학 연구에서 제시한 건축, 조각, 회화, 음악, 문학이라는 다섯 가지 기본 범주에 추가하는 방식으로 예술을 분류해왔다. 다섯 가지 기본 예술에 더해 여섯 번째는 공연 예술, 일곱 번째는 영화, 여덟 번째는 미디어 아트, 아홉 번째는 만화다. 그리고 최근에 열 번째 예술 장르에 요리가 선정됐다.[5] 요리가 예술의 반열에 오른 데는 솜씨의 차이가 맛의 차이를 결정한다는 사실도 영향을 미쳤다고 한다.

광고 크리에이티브도 마찬가지다. 똑같은 문제 해결 과제

알렌2의 광고 '콜로세움' 편(2011)

가 주어지고, 똑같은 광고 콘셉트가 주어지더라도, 누가 어떻게 만드느냐에 따라 완성도나 숙련도에서 현격한 차이가 난다. 따라서 광고 창의성 수준을 결정하는 창작자의 숙달된 솜씨가 중요할 수밖에 없다.

이탈리아에서 집행된 알렌2(Alen2)의 광고 '콜로세움' 편을 보자. 알렌2는 이탈리아 나폴리 지역에서 생산되는 가죽 제품 전문 브랜드로, 한 땀 한 땀 만드는 수제품으로 정평이 나 있다. 광고에서는 진한 밤색 허리띠에 분위기를 맞추려고 배경을 옅은 밤색으로 처리했다. '로마'라는 글씨를 붙인 나무 받침대 위에 둘둘 말려 위쪽으로 올라가는 모양새의 허리띠 하나가 놓여 있다. 받침대가 유리에 비친 실루엣까지 표현했다.

얼핏 봐도 고급 허리띠 같다. 가죽이 요란하게 빛나지도 않고, 담백하고 은은한 느낌을 준다. 그런데 둘둘 말아 올린 품새가 어디선가 본 듯하다. 바로 로마 시대의 콜로세움이다. 허리띠에 구멍을 뚫어 콜로세움의 창문까지 표현한 솜씨가 예사롭지 않다. "수제 걸작(HANDMADE MASTERPIECE). 이탈리아인이 오랫동안 애용해온 고급 벨트(Italian long lasting quality belts)"라는 카피를 읽으면서 허리띠를 다시 살펴보니, 장인의

알렌2의 광고 '피사의 사탑' 편(2011)

숙련도가 한결 생생하게 느껴진다.

'콜로세움' 편에 이은 '피사의 사탑' 편에서도 알렌2 허리띠를 마치 인류의 문화유산처럼 표현했다. 흰색 허리띠에 알맞게 광고의 배경을 옅은 회색으로 섬세하게 처리했다. '피사'라는 글씨를 붙인 돌 받침대 위에 허리띠를 배치하고, 이번에는 더 높게 둘둘 말아 올렸다. 기울어진 모양새가 영락없는 피사의 사탑이다. 시리즈 광고이므로 똑같은 카피를 사용했다.

유리에 비치는 탑의 실루엣에서도 빛에 반사된 제품의 매력을 느낄 수 있다. 사진으로 포착한 실타래의 촘촘한 짜임새를 보면 허리띠를 만든 장인의 솜씨가 느껴진다. 제품도 수제 고급품이지만 광고를 만들어낸 솜씨도 가히 수준급이라 할 만하다. 광고 창작자가 솜씨를 발휘해 허리띠를 인류의 문화유산처럼 빚어내니, 굳이 말로 설명하지 않아도 전통과 격조가 느껴진다.

두 광고에서 채굴한 스티커 메시지는 숙련도다. 숙련도란 어떤 일이나 기술 따위를 능숙하게 익히는 솜씨를 뜻한다. 오랫동안 정성을 쏟아야 비로소 숙련도가 조금씩 높아진다.

고 노무현 대통령은 비서관이 써준 원고를 그대로 읽는 경우가 거의 없고, 항상 자기 스타일대로 원고를 바꾸는 솜씨를 발휘함으로써 숙련도를 높여 나갔다고 한다. 전설적인 광고인 윌리엄 번벅(William Bernbach)은 무엇을 말하느냐보다 '어떻게 말하느냐'가 중요하다고 했다. 메시지를 표현하는 창작 솜씨를 강조한 것이다. 핵심 메시지인 '무엇'이 표현의 기본 바탕이 되기는 하지만, 무엇을 '어떻게' 표현하느냐 하는 창작 솜씨나 숙련도 수준이 결국 메시지의 설득력을 결정한다는 것이다.[6] 번벅은 광고 창작에서 창작 솜씨(숙련도)를 가장 중요하게 여겼다.

일본의 기업인들은 기업 경쟁력이나 브랜드의 성공 요인을 설명할 때 모노즈쿠리(ものづくり)라는 말을 자주 쓴다. 장인정신으로 이루어지는 제조 과정을 뜻한다. 어떤 문제가 나타났을 때 제품 제작을 수차례 반복함으로써 숙련도를 높이고, 결국 최적의 제품을 만드는 과정을 모노즈쿠리로 설명한다. 이런 과정을 거치다 보면 기능은 기술로 이어지고, 기술은 장인정신으로 승화될 것이다.

숙련도에는 긍정적인 뜻만 있는 것이 아니다. 숙련도나 솜씨는 경우에 따라 주어진 일을 능수능란하게 처리하는 재주나 수완의 의미로도 쓰인다. 위장 솜씨나 해결 솜씨처럼 수단과 방법을 가리지 않고 능력을 발휘하는 경우를 일컫는다. 이처럼 부정적 의미의 솜씨 발휘는 멀리하고, 요리 솜씨, 말솜씨, 글솜씨 같은 긍정적 의미의 숙련도를 높이려고 노력해야겠다.

신뢰성을 높이는
노하우가 필요하다

다른 사람과 관계를 맺으며 살아가는 인생에서 믿음보다 중요한 것은 많지 않다. 사랑만큼 중요한 것이 믿음이다. 믿음은 꽃병과 같다는 말도 있다. 한 번 금 가면 회복할 수 없다는 뜻이다.

터키의 타이어 브랜드인 페틀라스 타이어(Petlas Tires)의 광고는 소비자들이 타이어에 대해 느끼는 신뢰의 중요성을 강조한다. 이 타이어는 안락한 승차감과 주행 성능이 뛰어난 것으로 유명하다. 독일 자동차 전문지 〈아데아체 모터벨트(ADAC Motorwelt)〉는 2013년 3월 타이어 브랜드들의 내구성 평가 결과를 발표했는데, 굿이어 타이어(Goodyear Tire)가 1위를 차지했고 페틀라스는 3위에 이름을 올렸다.

STICKER MESSAGE
스티커 메시지

페틀라스 타이어의 광고 '얼음도끼' 편을 보자. 한겨울에 타이어가 험준한 설산을 어떻게 올라갔을까? 자세히 살펴보니 타이어에 홈이 파여 있고, 세 명의 산악인이 열심히 도끼질을 하고 있다. 안전모를 쓰고 암벽화를 신은 자세가 마치 꽁꽁 얼어 있는 빙벽을 오르는 것 같다. 산악용 얼음도끼로 열심히 빙벽을 찍고 있으니, 세 사람 모두 아이스클라이밍을 하는 듯하다. 겨울에 빙벽을 오르는 산악인에게 얼음도끼는 생명줄과도 같다. 도끼로 얼음을 찍어야 오를 수 있고 살아남을 수 있기 때문이다.

"현실적으로 생각하라(Keep your feet on the ground)." 관용표현을 그대로 쓴 헤드라인이다. 땅에서 절대 들뜨지 않고 타이어가 노면에 착 달라붙는다는 뜻이다. 헤드라인 아래에 "페틀라스가 땅과 연결되게 합니다. 믿을 수 있고 오래가며 저렴한 고급 자동차 타이어 기술"이라는 보디카피를 추가해 믿을 수 있는 타이어라는 메시지를 더 구체적으로 설명했다. 산악인들이 얼음도끼질을 하듯, 눈길을 찍어가며 달린다는 타이어의 특성을 구체적으로 표현한 광고다.

'노 젓기' 편에서도 페틀라스 타이어는 믿을 수 있다는 신뢰를 강조했다. 타이어가 폭풍우 몰아치는 거친 바다를 헤쳐

페틀라스 타이어의 광고 '얼음도끼' 편(2012)

가는데, 결코 흔들리지 않고 수면과 직각을 유지하며 똑바로 굴러간다. 마치 타이어의 안쪽 홈에 카누 선수 10명이 타고 양쪽으로 노를 젓는 것 같다. 광고에서 창의성은 대단한 것이 아니라 낡은 요소들을 새롭게 조합하는 것이라는 평범한 진리를 알려준다. 이전의 익숙한 것이나 전혀 무관한 사물과의 관련성을 제시하는 능력이 광고 창의성의 핵심이다.

창의적인 사람들은 새로운 것을 창조하기보다 자신 안에 이미 존재하는 생각들을 새롭게 조합할 뿐이다. 광고 창작자들은 전혀 무관한 노와 타이어를 연결시키는 능력을 발휘해 새로운 의미를 만들어냈다. "안심하세요. 당신이 어떤 길에 있든 문제없으니까요(You'll feel safe. No matter what sort of road you're in)"라는 헤드라인과 비주얼이 만나자 타이어가 믿을 만하다는 신뢰 메시지가 태어났다.

두 광고에서 채굴한 스티커 메시지는 신뢰성이다. 공들여 정교하게 만든 솜씨가 광고에 신뢰성을 부여했다. 신뢰성의 사전적 정의는 믿을 만한 바탕이나 성질을 말한다. 리더는 조직원들을 믿느냐 믿지 못하느냐에 따라 권한의 위임에서 큰 차이가 난다. 조직원들도 리더를 믿느냐 믿지 못하느냐에 따라서 업무 성과에서 큰 차이가 난다. 서로 신뢰하지 못하는

페틀라스타이어의 광고 '노 젓기' 편(2012)

조직은 성장할 수 없다.

칩 히스와 댄 히스는 《STICK 스틱!》에서 1초 만에 사람의 뇌리에 꽂히는 스티커 메시지를 만드는 데 필요한 여섯 가지 원칙의 하나로 신뢰성을 꼽으며, 신뢰성을 내 말을 믿게 만드는 요인이라고 설명한다.[7] 메시지가 흘러넘치는 세상에서 신뢰성을 증폭시킬 방법을 찾는 노력이 중요하다.

1980년 미국 대통령 선거전에서 지미 카터(Jimmy Carter)와 맞붙은 로널드 레이건(Ronald Reagan)은 이렇게 말했다. "과연 여러분은 4년 전보다 잘 살고 있습니까?" 실업률이나 인플레이션 증가율 같은 통계치를 제시하며 카터 정부의 실정을 반박하지 않고, 반문하며 스스로 생각해보라는 메시지를 던졌다. 그 메시지는 경쟁자보다 믿음을 줬고 로널드 레이건은 대통령에 당선됐다.

가족끼리든, 친구 사이든, 연인 사이든, 모두가 더 강한 신뢰 관계를 유지할 수 있는 자기만의 노하우를 찾으려 노력해야 한다. 더불어 말과 글의 신뢰성을 증폭시킬 자기만의 방법을 찾아내야 한다.

STICKER MESSAGE

RELEVANCE

7. 상관성

연결시킬 때 메시지가 전달된다

상관성을 놓치면
실패한다

 "나랑 상관없는 일이야." "너랑 상관없는 일이니 신경 쓰지 마!" 참으로 공허하고 무책임한 말이다. 눈앞에서 일이 벌어지고 있는데 신경을 끄라니, 돌부처라도 되라는 뜻일까?

 포드 이탈리아 지사의 신문 광고 '열쇠' 편을 보자. 광고 회사 오길비앤매더(Ogilvy & Mather) 이탈리아 지사는 자동차 열쇠로 도시의 스카이라인을 만들었다. 검은색 열쇠고리와 은빛 스카이라인으로 도시를 누비는 포드의 브랜드 가치를 표현했다. 밝은 하늘색을 배경 삼아 은빛 열쇠에 도시의 스카이라인을 조각해, 시선을 사로잡았다. 아래쪽 흰색 칸에는 포드 퓨전과 로고를 넣어 광고를 더 흥미롭고 생동감 있게 완성했다.

 "도시가 당신의 손안에 있다(The city is in your hands)"라는

STICKER MESSAGE
스티커 메시지

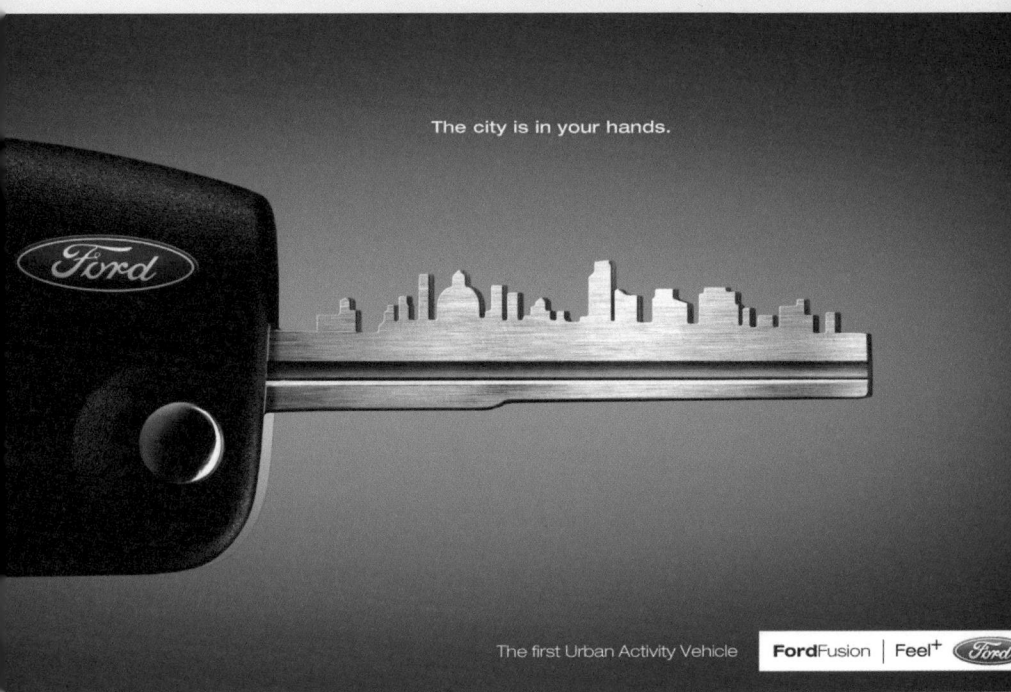

포드 이탈리아의 광고 '열쇠' 편(2008)

광고 카피도 소비자의 가슴을 설레게 한다. 중후한 카피와 스카이라인 모양의 열쇠가 만나니 광고의 품격이 한껏 올라갔다. 포드를 타는 순간 도시를 누비는 산책차가 될 것 같다. 운전자는 자신감과 흥분 속에서 도시 전체가 자신의 손안에 들어와 있다고 느낄 수도 있다. 이 광고는 자동차의 실제 모양을 제시하지 않고 열쇠라는 상징물로 표현했다. 자동차 열쇠를 활용해서 메시지를 전달했으니 자동차와 무관하지는 않다.

하지만 자동차 열쇠만으로는 자동차가 세단인지 SUV인지 모르겠다며 불평하는 소비자도 있을 것이다. 광고 하단에 "최초의 도시 생활용 자동차(The First Urban Activity Vehicle)"라는 카피가 있지만, 자동차 열쇠에 시선이 집중되어 아래쪽의 작은 카피를 얼마나 봤을지 의문이다.

자동차와의 상관성을 고려한 창의적인 광고지만, 포드만의 기능이나 특성을 제대로 표현하지 않았다. 포드 브랜드를 떼고 다른 브랜드를 넣어도 전혀 문제될 게 없다. 따라서 자동차와의 상관성은 있지만 포드 자동차와의 상관성은 높지 않다고 평가된다.

포드 광고에 비해 토요타 이스라엘 지사의 광고 '양의 방귀' 편은 프리우스(Prius)와의 상관성이 매우 높다. 양 한 마리와 프리우스 자동차 한 대가 눈에 들어온다. 광고 회사 TBWA 이스라엘 지사는 양의 방귀와 프리우스의 배출 가스의 유해성을 비교했다. 양과 자동차 아래쪽에 가스 배출 정도를 나타내는 표를 넣어 유해성이 각각 어느 정도인지 한눈에 알 수 있게 했다. 최소(1)부터 최대(15)까지 15등급으로 표시했는데, 숫자가 높을수록 배출 가스가 많다는 뜻이다. 배출 가스를 비교한 결과, 놀랍게도 양은 5등급이고 프리우스는 2등급이었다. 광고 회사는 이 조사 결과를 바탕으로, 프리우스는 양의 방귀보다 배출 가스가 적기 때문에 그만큼 친환경 자동차라는 메시지를 표현했다. 토요타는 프리우스가 친환경 하이브리드 자동차라는 사실을 알리기 위해 유머 광고를 만든 셈이다. 양이 프리우스보다 더 많은 가스를 방출하다니! 소비자들은 정말로 그럴까 생각하면서도 구매 결정을 할 수 있다. 1997년에 처음 출시된 세계 최초 풀 하이브리드 승용차 토요타 프리우스다운 광고다.

광고 끝에서는 티오(To)를 반복해 "투데이, 투모로, 토요타"라는 슬로건을 제시했다. 단어나 문장의 첫머리에서 같은 자음이나 어구를 반복하는 두운법을 활용해 오늘도 내일도

토요타 프리우스의 광고 '양의 방귀' 편(2010)

토요타라며 브랜드 이름을 기억시키려 했다(2020년 이후 토요타 프리우스에서 진행하고 있는 '믿을 수 없어(It's Unbelievable)' 캠페인도 '투데이. 투모로. 토요타'를 발전시킨 것이다). 양의 방귀와 프리우스의 배출 가스를 비교한 것은 친환경 자동차를 알리는 데 상관성이 매우 높은 아이디어다.

두 광고에서 채굴한 스티커 메시지는 상관성이다. 상관성이란 어떤 사물이나 사건이 서로 관계되는 성질이나 정도를 말한다. 광고에서의 상관성은 광고 내용이 제품과 브랜드에 관련되는 정도를 의미한다. 광고에 제품과 브랜드 관련 내용이 얼마나 있는지 나타낸다는 점에서, 상관성은 일반적인 창의성과 광고 창의성을 구분하는 핵심적인 근거가 된다.[1]

2021년, 미국 바이든 대통령은 대국민 연설을 통해 20년에 걸친 아프가니스탄 전쟁을 끝낸다고 발표했다. 그는 탈레반을 이길 수 있는 모든 도구를 제공했지만 아프가니스탄 군대는 스스로 싸울 의지가 없었다며 비판했다. 그리고 이런 명언을 남겼다. "우리가 그들에게 줄 수 없었던 것은 그들의 미래를 위해 싸울 의지였습니다." 전쟁과 싸울 의지의 상관성을 부각시키며, 불가피하게 미군 철수를 결정할 수밖에 없었다고 밝힌 것이다.

말이나 글에서 주제와 무관한 얘기를 늘어놓는 경우가 많다. 원고 없이 프레젠테이션할 때도 실수를 저지르는 경우가 있다. 잘 나가다 삼천포로 빠진다는 말도 그래서 나왔으리라. 상관성이 희미해지려 할 때마다 무슨 글을 쓰려고 했는지, 무슨 말을 하려고 했는지 떠올리면 도움이 되지 않을까? 메모지에 주제를 써놓고 관련 단어를 활용해서 발표를 하거나 글을 쓴다면 실수할 가능성이 줄어들 것이다.

STICKER MESSAGE
스티커 메시지

전달에도
눈치가 필요하다

부적절한 관계, 부적절한 행동, 부적절한 발언, 부적절한 표현, 부적절한 판단, 부적절한 처신, 부적절한 자료, 부적절한 압력, 부적절한 인사, 부적절한 대응, 부적절한 메시지, 부적절한 술자리……。

'부적절'이란 키워드로 기사를 검색하면 순식간에 이처럼 많은 내용이 쏟아져 나온다. 언론 보도에서 적절하지 않은 것들을 그토록 자주 지적한 까닭은 무엇일까? 적절하고 보편적인 가치를 추구해야 우리 사회가 건강해진다는 메시지를 전하기 위해서일 것이다. 그렇다면 어떻게 해야 적절하다고 할 수 있을까?

벤슨앤헤지스100(Benson&Hedges 100)의 광고 '단점' 편은

아이디어를 어떻게 구체화시켜야 적절한 표현이 되는지 생각하도록 한다. 담배 길이가 길다는 제품의 특성을 알리기 위한 헤드라인을 이렇게 표현했다. "벤슨앤헤지스100 광고의 단점(The disadvantages of advertising Benson & Hedges 100's)." 무슨 말인가 싶어 비주얼을 보니 세 손가락으로 들고 있는 담배의 끝이 구부러져 있다. 담배 길이가 너무 길어 광고 지면에 온전히 배치하기 어렵다는 뜻이다. 다른 담배보다 길다는 제품의 특성을 과장법을 써서 이처럼 적절하게 표현했다.

벤슨앤헤지스는 1873년에 설립된 영국의 담배 브랜드다. 과도한 흡연으로 유명한 영국의 왕 조지6세가 선호하던 담배 브랜드로, 1958년 미국의 필립모리스사에 인수된 이후 지금에 이르고 있다.[2] 광고를 본 애연가들은 담배가 왜 끝이 구부러졌는지 의문을 가졌으리라. 조금만 생각하면 그 이유가 금방 드러나는데, 표현이 부적절하다는 생각이 전혀 들지 않는다. 애연가들은 담배의 특성을 쉽게 드러낸 적절한 표현 기법에 무릎을 쳤을 것이다.

벤슨앤헤지스100의 광고 '바다가재' 편에서는 다른 담배보다 길다는 특성을 알리기 위해 더 재미있는 상황을 제시했다. 두 연인이 수조에 담겨 있는 바다가재(랍스터)를 구경하고

STICKER MESSAGE
스티커 메시지

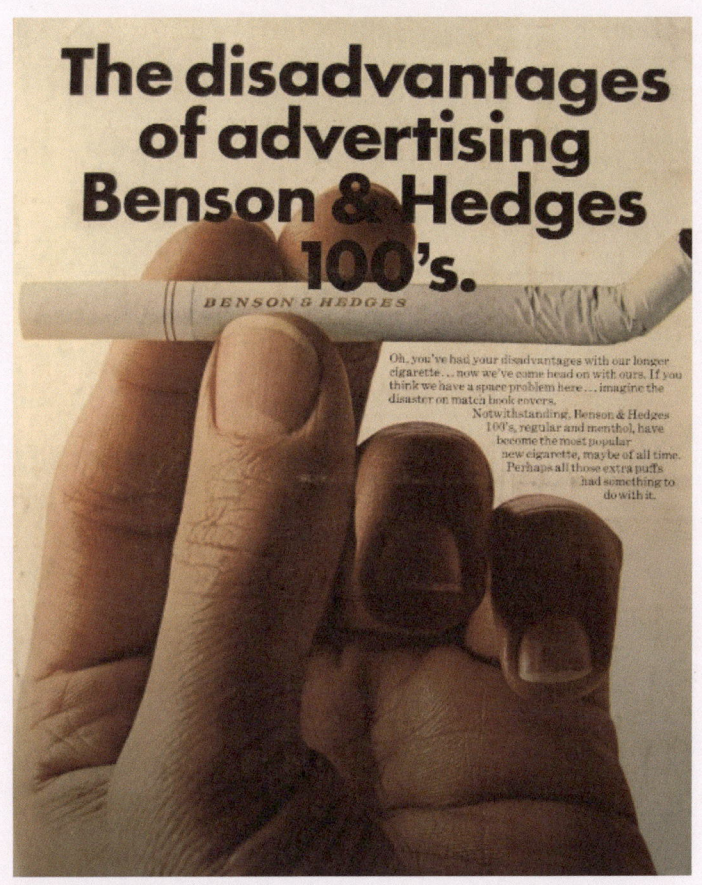

벤슨앤헤지스100의 광고 '단점' 편(1968)

있는데, 바다가재가 집게다리로 남자가 피우던 담배를 낚아 챈다. 헤드라인은 이렇다. "오, 긴 담배의 단점. 벤슨앤헤지스 100(Oh, the disadvantages of our long cigarette)." 더 자세히 보려고 바다가재 쪽으로 가까이 다가갔다가 담배를 빼앗기는 웃지 못할 상황이 벌어진다. 여자 친구는 재미있다는 듯 웃고 있다.

담배 길이가 길어서 발생하는 일상의 소재에 초점을 맞춘 재치 있는 광고들이다. 창작자들은 1960~1970년대에 벌써 제품의 특성을 쉽게 알릴 적절한 표현 기법을 찾으려 노력해 왔다. 수다 떨다 긴 담배 때문에 상대방의 수염을 태우는 광고도 있다. 감독의 큐 사인을 받고 영화 촬영 장면을 적은 클래퍼보드(clapperboard)를 치자, 물고 있던 담배가 순간적으로 잘려 나가기도 한다. 일상의 단면을 통해 긴 담배의 특성을 흥미롭게 묘사한 적절한 표현 기법에 애연가들도 열광하며 호응했을 것이다.

두 광고에서 채굴한 스티커 메시지는 적절성이다. 적절성이란 어떤 상황이나 분위기에 알맞은 정도나 성향을 의미한다. "분위기 파악 좀 해라!" 같은 말이라도 분위기에 어울리지 않게 함부로 내뱉으면 부적절한 발언이 된다. 주의를 기울

STICKER MESSAGE
스티커 메시지

벤슨앤헤지스100의 광고 '바다가재' 편(1975)

이지 않으면 분위기를 제대로 파악하지 못해 부적절한 발언을 할 수도 있다. 모든 상황에서 적절성은 매우 중요하다.

르네상스 시대 사상가 니콜로 마키아벨리(Niccoló Machiavelli)는 정치적 이상과 현실을 어떻게 조화시킬지 논의한 《군주론》에서 '궁수의 비유'를 들었다. 노련한 궁수는 멀리 있는 목표를 겨냥할 때 표적보다 더 높이 겨누는데, 그곳을 맞히기 위해서가 아니라 더 높이 겨냥해야 화살이 적절하게 표적으로 날아가기 때문이라고 했다.[3] 마키아벨리는 정치적 목적과 수단이 적절해야 한다는 '목적과 수단의 적절성'을 궁수의 비유를 들어 설명했다.

정치에서는 자주 목적과 수단의 적절성 논란이 벌어진다. 홍보 예산을 늘린 것이 적절했는지, 코로나19 상황에서 친선 골프 대회를 개최한 것이 적절했는지, 환자에게 투여한 약물 용량이 적절했는지, 성추행 사건의 처리 과정이 적절했는지, 정책 목표와 정책 수단이 적절했는지 등 적절성 여부가 숱한 논쟁거리로 떠올랐다. 또한 정치인의 공약 적절성이 자주 도마에 오른다.

말이나 글에서도 적절성이 생명이다. "그 안(화장실)에서 사색(思索)에 빠져 있는 동안 밖에서 기다리는 나는 사색(死色)이

STICKER MESSAGE
스티커 메시지

되고 있는 거 알아?" 서울우유 칸 요구르트 광고의 카피다. 쾌변 요구르트의 특성을 부각시킨 적절한 카피다.

"남자가 흘리지 말아야 할 것은 눈물만이 아닙니다." 맥주를 흘리지 말라는 맥주 광고의 카피를 패러디해 남자 화장실에 붙여놓은 명언이다. "큰일을 먼저 하라. 작은 일은 저절로 처리될 것이다." 데일 카네기(Dale Carnegie)의 이 말도 화장실에 붙여놓으니 절묘하게 화장실 명언이 됐다.

말과 글에서는 적절성이 특히 더 중요하다. 시간(Time)과 장소(Place), 상황(Occasion)에 맞게 적절히 인용해야 효과가 커진다. TPO를 고려한 적절한 메시지는 말과 글에 날개를 달아줄 것이다.

손에 잡히는
의미를 만들자

말을 하거나 글을 쓸 때는 어떤 의도를 담게 마련이다. 경영자나 정치인의 말이나 글에서는 의도가 특히 두드러진다. 경영자가 직원들의 결혼기념일에 집으로 꽃바구니를 보내며 작은 메모지를 끼워 넣는 것은 자신이 그만큼 자상한 사람이라는 점을 알리려는 것이리라.

정치인이 선거 운동을 하면서 사람들과 스스럼없이 이야기하고 악수를 나누는 것은 그만큼 소탈한 사람이라는 메시지를 전하려는 의도일 것이다.

말이나 글에서 의도를 제대로 알 수 없으면 글쓴이나 화자의 의도와 달리 헛다리를 짚거나 완전히 삼천포로 빠진다. 필자나 화자가 말감이나 글감을 어떻게 요리해 무슨 메시지

STICKER MESSAGE
스티커 메시지

를 담아낼지 결정하지 못하고 갈팡질팡하면서 사례나 미사여구만 나열하면 그런 결과가 나타난다. "이것은 저것을 의미하고 저것은 이것을 의미한다."[4] 모든 것이 의미를 지닌다. 의도를 분명히 드러내려면 서술적 맥락과 의미화 맥락을 고려할 필요가 있다. 서술적 맥락이 글의 소재를 나열하고 기술하는 거라면, 의미화 맥락은 서술한 사실에 의미를 담아내는 과정이다.

코나드(Konad) 화장품의 플로브(Flobu) 마스카라 광고에서는 표현의 소재를 나열하는 서술적 맥락을 넘어, 서술한 사실에 의미를 담아내는 의미화 맥락에 성공했다. 코리아 네일아트 디자인(Korea Nail Art Design)의 두문자를 딴 코나드는 2002년에 설립된 네일아트 전문 기업으로, 세계 120여 개 나라에 진출해 있다. '플로브'는 코나드의 방수 마스카라 브랜드다.

광고 회사 그레이(Grey)의 아르헨티나 부에노스아이레스 지사는 "그가 결혼했다", "나는 임신했다", "우리는 헤어졌다"와 같은 헤드라인들을 통해 물에 지워지지 않는 마스카라의 특성을 흥미롭게 의미화하는 데 주력했다.

플로브 마스카라의 광고 '그의 결혼' 편을 보면 "그가 결

HE'S MARRIED

EMOTION PROOF

플로브 마스카라의 광고 '그의 결혼' 편(2011)

혼했다(HE'S MARRIED)"라는 헤드라인이 지면 전체를 차지한다. 어찌 된 영문인지 항상 봐오던 서체가 아니다. 헤드라인 글씨가 물에 번져 잘못 인쇄된 것 같다. 그가 결혼했다는 내용과 연결해 생각하면 사귀던 남자 혹은 짝사랑하던 남자의 결혼 소식을 듣고 그녀가 눈물을 쏟았음을 짐작할 수 있다. 아래쪽에는 마스카라 사진 옆에 "감정 제어(EMOTION PROOF)"라는 슬로건을 덧붙였다. 이 광고에서는 방수 마스카라의 특성을 알리기 위해 서체를 번지게 표현해 강렬한 의미를 부여했다.

이어지는 '그와의 이별' 편에서는 "우리는 헤어졌다(WE BROKE UP)"라는 헤드라인을 앞 광고와 마찬가지로 지면 전체를 차지할 정도로 크게 배치했다. 글씨체도 물에 번져 잘못 인쇄된 것처럼 똑같이 처리했다. 사귀던 남자와 이별한 여성이 닭똥 같은 눈물을 흘리고 있는 것 같다. 여기까지가 광고 표현의 소재를 나열하고 기술하는 서술적 맥락이라면, 플로브 마스카라는 방수가 되니 감정이 복받칠 때도 여성들이 안심할 수 있다며 "감정 제어"라는 슬로건을 사용한 것은 서술한 사실에 소비자 혜택을 담아내는 의미화의 맥락이다.

두 광고에서 채굴한 스티커 메시지는 의미화였다. 의미화

플로브 마스카라의 광고 '그와의 이별' 편(2011)

란 표현하고자 하는 내용을 손에 잡힐 만큼 생생하게 되살려 의미를 만드는 과정으로, 그 과정에서 숨은 뜻이나 가치가 드러난다. 어떤 사람의 말을 듣거나 글을 읽고 나서 공감하게 만드는 것이 의미화의 대표적 사례다. 말이나 글에 서술적 맥락만 있고 의미화 맥락이 없거나 일관된 줄기로 연결되지 않으면 메시지를 제대로 전달할 수 없다.

발표를 듣거나 글을 읽다 보면 소재는 참신한데 전하려는 의도와 어긋나거나 동떨어진 경우를 종종 발견한다. 발표를 구상하거나 글을 쓰는 단계에서부터 어떻게 의미화할 것인지 짚어보고 따져봐야 한다.

말을 듣는 사람이 쉽게 알아들을 수 있는 주제인지, 글을 읽는 사람이 쉽게 이해할 수 있는 내용인지 미리 검토하고 준비하면 의미화에 성공할 가능성이 높다.

사진 찍는 사람은 눈앞에 있는 모든 전경을 카메라에 담지 않는다. 글 쓰는 작가도 자신이 알고 있는 모든 소재를 글감으로 활용하지 않는다. 항상 좋은 것을 고르고 취사선택하는 과정을 거친다.

말을 하거나 글을 쓸 때는 전하려는 메시지와 어울리는 소재를 선택해, 의미화 맥락에서 발전시켜야 한다. 김춘수 시인의 시 〈꽃〉의 마지막 부분과 같이, 그때야 비로소 말이나 글을 접하는 상대방의 마음속에 "잊혀지지 않는 하나의 눈짓(의미)"을 남길 수 있다.

연결하는
노력이 필요하다

인공지능, 빅데이터, 메타버스. 거의 날마다 언론에 등장하는 세 단어의 공통점은 사람들을 연결한다는 것이다. 지금은 초연결 시대다. 연결하는 기술은 사람들이 어디에 있든 내 집 같은 편안함을 누릴 수 있게 한다. 직장에서 일하다 집에 있는 냉장고를 조절할 수도 있고, 자동차를 향해 걸어가며 미리 시동을 켤 수도 있다. 우리는 주변의 모든 것이 접점으로 작동해 서로 연결되는 시대를 살아가고 있다.

사람과의 관계에서도 연결이 중요하다. 꼭 전화를 받아야 할 사람이 연결되지 않으면 얼마나 애타는가. 마음은 급한데 연락이 안 돼 난감한 경우를 누구나 경험했을 것이다. 중요한 순간에 업무 담당자가 연결되지 않으면 그 시간만큼 고스

란히 손실로 이어질 수 있다. 누구도 믿지 못해 권한을 위임하지 않고 모든 정보를 쥐고 있는 리더라면 더더욱 위험하다. 어디서 무슨 일이 벌어지든 회사의 시스템이나 최측근과 연결할 수단을 마련해놓아야 하는데, 그렇지 않은 이들이 의외로 많다.

포르툼(Portum Oyj)의 스웨덴 지사에서는 신문의 양면을 활용한 '팔 늘리기' 인쇄 광고 시리즈를 집행하며 연결의 중요성을 강조했다. 포르툼은 1998년 설립된 핀란드 최대 에너지 기업이다. 이탈리아의 에넬(Enel SpA)과 스페인의 이베르드롤라(Iberdrola SA)와 더불어 신재생 에너지 분야를 주도하는 세계 3대 기업이다. 포르툼은 에너지 분야를 주력 사업으로 삼고 모바일 원격제어 시스템을 추가해, 북유럽과 발트해 인근 국가는 물론 폴란드와 러시아를 넘어 인도에까지 진출했다.

포르툼의 광고 '치과 의사' 편을 보자. 왼쪽 광고는 환자의 입을 벌리게 하고 치과 의사가 치료하는 장면이고, 오른쪽 광고는 소파에 앉아 텔레비전을 보고 있는 아이들의 뒷모습이다. 아이들은 머리 뒷모습만 살짝 보인다. 그런데 놀랍게도 왼쪽 광고에 있는 엄마가 팔을 길게 뻗어 오른쪽 광고의 텔레비전 모서리에 있는 전원 스위치를 끈다. 엄마가 원격 조정으

STICKER MESSAGE
스티커 메시지

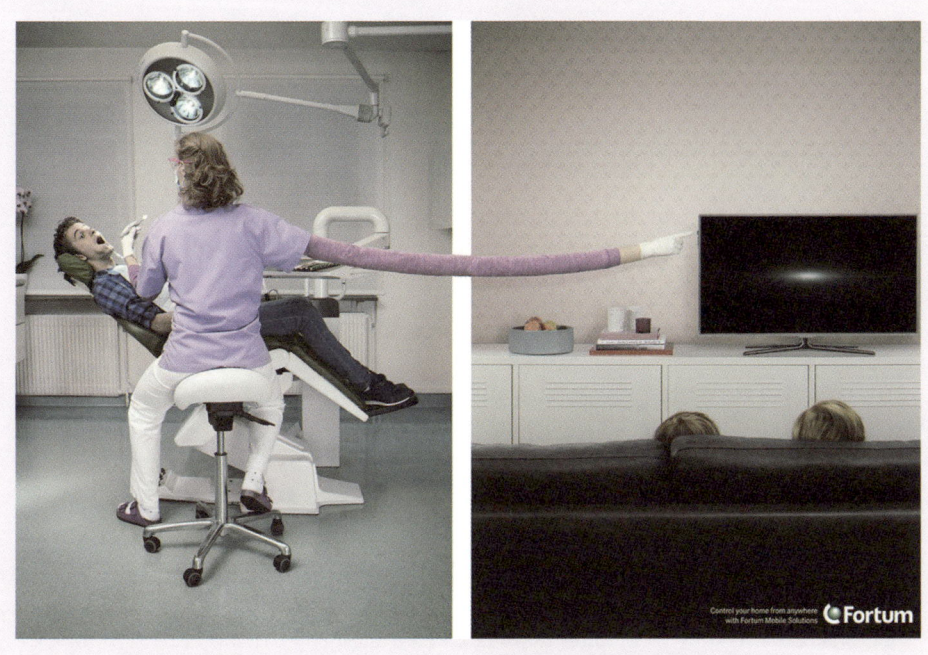

포르툼의 광고 '치과 의사' 편(2013)

로 텔레비전을 꺼버렸으니 아이들은 더 이상 텔레비전을 볼 수 없다.

치과 의사인 엄마가 진료를 하다 문득 텔레비전 앞에만 앉아 있을 아이들이 떠오른 듯하다. 일하다 보면 문득 어떤 생각이 스치는 경우가 있는데, 치과 의사는 텔레비전만 보고 있을 아이들 생각이 스친 것이다. 오른쪽 하단에 작은 글씨로 쓴 카피가 보인다. "포르툼 모바일 기기로 어디에서든 집을 제어하세요(Control your home from anywhere with Fortum Mobile Solutions)." 양쪽을 가로지르는 엄마의 손은 연결을 상징한다.[5]

포르툼의 광고 '대화' 편에서도 대화 도중에 원격 조정으로 집 안의 전등을 끄는 순간을 표현했다. 장년에 가까워 보이는 남녀가 분위기 좋은 공간에서 대화를 나누고 있다. 재미있는 이야기를 하는지 여성은 살짝 웃고 있다. 그처럼 재미있게 대화하는 도중에도 남성은 딴생각을 하고 있다. 집 안 거실 등을 끄지 않고 나왔다는 생각이 문득 떠올랐는지 팔을 길게 뻗쳐 거실 전등 스위치를 끈다. 양쪽 지면을 가로지르는 남성의 손은 연결을 상징한다.

스웨덴의 광고 회사 가버그스(Garbergs)는 연결의 중요성을 알리기 위해 팔을 길게 늘려 과장되게 표현하는 아이디어로

STICKER MESSAGE
스티커 메시지

포르툼의 광고 '대화' 편(2013)

소비자의 주목을 끄는 데 성공했다. 오른쪽 하단에는 '치과의사' 편과 똑같이 포르툼 모바일 기기로 어디서든 집과 연결하라고 권고한다. 광고의 핵심 메시지를 한눈에 알아볼 수 있다. 원격제어 시스템을 가동하는 연결 기술이 우수하다는 점을 과장되게 표현함으로써 더 구체적으로 이해할 수 있도록 했다.

두 광고에서 채굴한 스티커 메시지는 연결성이다. 연결성이란 서로 이어져 관계가 맺어지는 성질이다. 사람과 사람의 애착 관계도 연결에서 생기며 소속감 역시 연결을 통해 생성된다. 연결성은 여러 영역에서 중요하다. 인간은 서로 연결돼 있으면 행복감을 느끼고 연결되지 않으면 불안감을 느낀다.

국제 특송 기업 DHL과 뉴욕 대학교 스턴 경영대학은 해마다 'DHL 글로벌 연결지수(DHL Global Connectedness Index)' 보고서를 발표한다. 169개 국가의 무역, 자본, 정보, 사람의 국제적 흐름과 연결을 분석하는 것이다. 국가 간 연결 방식이나 연결고리의 변화를 통해 국제 정세와 물류의 흐름을 예측하기 위해서다. 최근 유행하는 메타버스를 구성하는 핵심 요인 다섯 가지 중 '끊어지지 않음(seamlessness)' 요인이 있다. 다시 말해 24시간 내내 사람들과 연결돼야 메타버스가 제대로 구동할 수 있다는 뜻이다.

연결성을 신뢰하는 사람들은 세상의 모든 것이 연결돼 있다고 믿는다. 그들은 우연이란 거의 존재하지 않으며, 세상에 일어나는 모든 일은 이면에 나름대로 연결될 만한 이유가 있다고 생각한다. 신발 쇼핑몰 자포스(Zappos)를 1조 원 대 기업으로 키우고 안타깝게도 46세에 화재로 사망한 토니 셰이(Tony Hsieh) 대표가 이런 말을 남겼다. "마주치고, 서로 배우고, 연결되면 혁신이라는 기적은 저절로 일어난다."

이 시대를 살아가는 모두에게 필요한 것이 연결성 재능이다. 연결성 재능이란 세상이 어떤 네트워크로 연결됐는지 인식하고 상호 연결성을 파악하는 능력이다. 우리는 말과 글로 사람들을 연결하는 능력을 발휘할 수 있다. 지식의 교류가 폭발적으로 일어나는 오늘날 연결성 재능을 갖춘다면 서로 다른 재능을 가진 사람들이 이어지도록 할 수 있다.

주

들어가는 글

1. 칩 히스 · 댄 히스 저, 안진환 · 박슬라 옮김 (2009),《STICK 스틱!》, 엘도라도.
2. Tea Romih (2016. 9. 9), "The 7C's of Effective Communication", *Seyens*, https://www.seyens.com/7cs-effective-communication-science/.
3. Odell Dias (2016. 11. 1), "7 C's of Effective Communication", St Pauls Institute of Communication Education, https://www.stpaulsice.com/7-c-s-of-effective-communication/.

1장

1. Roger Pe (2011. 1. 13), "In Digital Age, How Are Print Ads Doing?", *Philippine Daily Inquirer*, http://adsulikeit.blogspot.com/2012/01/in-digital-age-how-are-print-ads-doing.html.
2. Ted Bauer (2016. 4. 4), "Simplicity in Business as an Advantage", *The Context Of Things*, http://thecontextofthings.com/2016/04/04/simplicity-in-business/.

3. 월터 아이작슨 저, 안진환 옮김 (2011), 《스티브 잡스》, 민음사.
4. 고문정, 윤석민 (2016), "온라인 플랫폼에서의 다중채널 네트워크(MCN) 비즈니스 모델 탐색", 《정보통신정책연구》 23, (1), pp. 59-94.
5. 김병희 (2021), "다중채널 네트워크(MCN)", 《디지털 시대의 광고 마케팅 기상도》, 학지사, pp. 117-130.
6. 잭 하트 저, 정세라 옮김 (2021), 《퓰리처 글쓰기 수업: 논픽션 스토리텔링의 모든 것》, 현대지성.
7. Ryan T. Howell (2012. 9. 20), "Less Is More: The Power of Simple Language", *Psychology Today*, https://www.psychologytoday.com/us/blog/cant-buy-happiness/201209/less-is-more-the-power-simple-language#:~:text=Less%20really%20is%20more%20when%20it%20comes%20to,of%20an%20advertisement%2C%20less%20is%20very%20often%20more.
8. 김병희 (2018), "다시 생각해보는 Less is more", 《어떻게 팔지 답답한 마음에 슬쩍 들춰본 전설의 광고들》, 이와우, pp. 238-245.
9. 나카가와 요시타카 저, 임해성 옮김 (2019), 《빵과 서커스: 2000년을 견뎌낸 로마 유산의 증언》, 예문아카이브, p. 116.

2장

1. E. J. Schultz (2015. 10. 29), "Programmatic Gos to Dogs in Saatchi Pet-Matching Effort: Campaign for Nonprofit Group Breaks in November", *Advertising Age*, https://adage.com/article/digital/saatchi-launches-pet-matching-effort-nonprofit-group/301106.
2. Alex Gurevich (2021. 2. 10), "Programmatic Advertising Examples: 3 Campaigns That Worked", marketing.sfgate.com, https://marketing.sfgate.com/blog/programmatic-advertising-examples.

3. Jack Trout, & Al Ries (1979), "The Positioning Era: A View Ten Years Later", *Advertising Age*, July 15, pp. 39-42.
4. Al Ries & Jack Trout (1981), *Positioning: The Battle for Your Mind*, New York, NY: McGraw-Hill.
5. Wikipedia (2022), "올리버 칸", https://ko.wikipedia.org/wiki/%EC%98%AC%EB%A6%AC%EB%B2%84_%EC%B9%B8?msclkid=85759135adc111ec8fe56442791c7fb1.
6. Anorak (2012. 8. 25), "The World's Best Billboards: The Martor Solingen Razor Blade Pigeon Halfer", *Anorak*, http://www.anorak.co.uk/331370/the-consumer/the-worlds-best-billboards-the-martor-solingen-razor-blade-pigeon-halfer.html.

3장

1. 염희진 (2011. 7. 8), "자회사 전화 해킹 스캔들에 빠진 머독", 동아일보.
2. The Guardian (2011. 7. 15), "Rupert Murdoch Says 'Sorry' in Ad Campaign", *The Guardian*, https://www.theguardian.com/media/2011/jul/15/rupert-murdoch-sorry-ad-campaign.
3. 앤서니 T. 디베네덧 저, 김유미 옮김 (2020), 《유쾌함의 기술: 뇌과학이 말하는 즐거워할 줄 아는 지능의 비밀》, 다산초당.
4. 이현우 (2015), 《사과의 공식》, 커뮤니케이션북스.
5. 스와미 라마 저, 최경훈 옮김 (2018), 《명상과 수행》, 아힘산.
6. 전민조 (2016), 《사진이 다 말해 주었다: 1968-2016》, 눈빛.
7. Ben Decker · Kelly Decker (2015), *Communicate to Influence: How to Inspire Your Audience to Action*, McGraw-Hill Education.
8. Wikipedia (2022), "Marcia Kilgore", https://en.wikipedia.org/wiki/Marcia_Kilgore?msclkid=4dc5befea71811ec80c1e9ec41fdc83b.

STICKER MESSAGE
스티커 메시지

4장

1. Salifex Marketing (2019. 2. 27), "The WMF Knife Ad", salifex.com, https://salifex.com/blog/wmf-knife-ad/.
2. 360 Magazine (2019. 5. 15), "Show Us Some Love: Pirelli × Carl Lewis", *360 Magazine*, https://www.the360mag.com/pirelli-x-carl-lewis/.
3. Gilmore, James H., & Pine II, B. Joseph (2007). *Authenticity: What Consumers Really Want*. Reardon Smith CMC.
4. 제임스 H. 길모어 · B. 조지프 파인2세 저, 윤영호 옮김 (2010),《진정성의 힘: 소비자들이 진정으로 원하는 것은 무엇인가》, 세종서적.
5. 김상훈 (2011), "진정성 마케팅: 가짜 많은 세상을 뚫는 힘", *Dong-A Business Review* 79 (2).
6. 김상훈, 박선미 (2019),《진정성 마케팅: 끌리는 브랜드를 만드는 9가지 방법》, 21세기북스.

5장

1. Breast Cancer Now (2014. 3. 6), "My Body, Myself: Our New Policy Report", *Breast Cancer Now*, https://breastcancernow.org/about-us/news-personal-stories/my-body-myself-our-new-policy-report.
2. 김병희 (2015), "창의적 인물의 창조정신 구조분석: 정주영 창조정신의 구성 요인과 중요도를 중심으로",《한국광고홍보학보》17 (2), pp. 138-170.
3. 김병희 (2018), "알파벳 네 자로 대통령이 되었다",《어떻게 팔지 답답한 마음에 슬쩍 들춰본 전설의 광고들》, 이와우, pp. 207-212.

4. Psychology Discussion (2022), "Formation of Impression: 3 Factors", *Psychology Discussion*, https://www.psychologydiscussion.net/perception/formation-of-impression-3-factors-perception-psychology/3001.
5. 손용석, 유건우 (2020), "사회적 자본과 브랜드 현저성에 관한 연구: 럭셔리 제품을 중심으로",《경영학연구》49, (1), pp. 103-128.
6. Sanaria, A. D. (2016), "A Conceptual Framework for Understanding the Impression Management Strategies Used by Women in Indian Organizations", *South Asian Journal of Human Resources Management* 3(1), pp. 25-39.

6장

1. Richard E. Petty & John T. Cacioppo (1984), "The Effects of Involvement on Response to Argument Quality and Quantity: Central and Peripheral Routes to Persuasion", *Journal of Personality and Social Psychology*, 46, pp. 69-81.
2. Makinsey Williams (2013. 3. 23), "Dove: ELM", Com318 theoryinpractice, https://com318theoryinpractice.wordpress.com/2013/03/23/dove-elm/
3. 김병희 (2007), "광고 헤드라인의 유형분류에 관한 연구",《광고연구》, 75, pp. 9-34.
4. 송숙희 (2022),《150년 하버드 글쓰기 비법: SNS부터 보고서까지 이 공식 하나면 끝》, 유노북스.
5. 김병희 (2021),《광고가 예술을 만났을 때 아트버타이징》, 학지사, pp. 35-37.
6. 김병희, "광고 창의성의 개념과 크리에이티브 철학", 김병희, 오현숙, 류

진한, 이희복, 최은섭, 박인성, 김정우, 윤일기, 최승희, 정상수, 전훈철, 변혜민, 전종우, 박하영, 김유나, 김신엽 (2022), 《디지털 시대의 광고 크리에이티브 신론》, 학지사, pp. 19-47.
7. 칩 히스 · 댄 히스 저, 안진환 · 박슬라 옮김 (2009), 《STICK 스틱!》, 엘도라도.

7장

1. 김병희, 한상필 (2006), "광고 창의성 측정을 위한 척도개발과 타당성 검증", 《광고학연구》, 17 (2), pp. 7-41.
2. Randall Rothenberg (1990. 2. 13), "The Media Business: Advertising; The Strategy For Benson & Hedges", *The New York Times*, https://www.nytimes.com/1990/02/13/business/the-media-business-advertising-the-strategy-for-benson-hedges.html.
3. 니콜로 마키아벨리 저, 신동준 옮김 (2014), 《마키아벨리 군주론: 이탈리아어 완역 결정판》, 인간사랑.
4. 손홀 저, 김진실 옮김 (2016), 《기호학 입문: 의미와 맥락》 (2판), 비즈앤비즈.
5 김병희 (2019), "언제나 통하는 연락 버튼 하나씩을", 《광고로 배우는 경영 통찰력》, 한울엠플러스, pp. 107-112.

스킵되지 않고 착착 달라붙는 말과 글을 만드는 법
스티커 메시지

제1판 1쇄 인쇄 | 2022년 7월 25일
제1판 1쇄 발행 | 2022년 8월 8일

지은이 | 김병희
펴낸이 | 오형규
펴낸곳 | 한국경제신문 한경BP
책임편집 | 박혜정
교정교열 | 이현미
저작권 | 백상아
홍보 | 이여진 · 박도현 · 하승예
마케팅 | 김규형 · 정우연
디자인 | 지소영
본문디자인 | 디자인 현

주소 | 서울특별시 중구 청파로 463
기획출판팀 | 02-3604-590, 584
영업마케팅팀 | 02-3604-595, 583   FAX | 02-3604-599
H | http://bp.hankyung.com   E | bp@hankyung.com
F | www.facebook.com/hankyungbp
등록 | 제 2-315(1967. 5. 15)

ISBN 978-89-475-9956-6   03320

책값은 뒤표지에 있습니다.
잘못 만들어진 책은 구입처에서 바꿔드립니다.